本书获湖南信息职业技术学院"双百卓越人才
"湖南省普通高校青年骨干教师培养"专项经费资助

数字化转型背景下高职院校
管理会计人才培养路径研究

赵玉婷　著

东北大学出版社
·沈　阳·

图书在版编目（CIP）数据

数字化转型背景下高职院校管理会计人才培养路径研

究 / 赵玉婷著. -- 沈阳：东北大学出版社, 2024.6.

ISBN 978-7-5517-3603-9

Ⅰ. F234.3

中国国家版本馆 CIP 数据核字第 2024CQ2372 号

出　版　者：东北大学出版社
　　　　　　地址：沈阳市和平区文化路三号巷11号
　　　　　　邮编：110819
　　　　　　电话：024-83683655（总编室）
　　　　　　　　　024-83687331（营销部）
　　　　　　网址：http://press.neu.edu.cn
印　刷　者：抚顺光辉彩色广告印刷有限公司
发　行　者：东北大学出版社
幅面尺寸：185 mm × 260 mm
印　　张：10.25
字　　数：218 千字
出版时间：2024 年 6 月第 1 版
印刷时间：2024 年 6 月第 1 次印刷
组稿编辑：周文婷
责任编辑：潘佳宁
责任校对：罗　鑫
封面设计：潘正一
责任出版：初　茗

ISBN　978-7-5517-3603-9　　　　　　　　　定　价：60.00 元

前　言

目前，我国传统的财务会计人才已严重过剩，而能够提高企业综合效率和绩效的管理会计人才极度缺乏。本书以此为背景，明确高职院校管理会计人才培养的意义与作用。企业现有的管理会计人员稀缺且水平有限，能熟练运用大数据技术进行财务管理工作的优秀管理会计人才更是十分紧缺。然而，培养管理会计人才需要大量的时间，因此，缺少数字化管理会计人才将制约我国管理会计的发展。

随着新一代信息技术的深入应用，使得各行各业之间发生了重塑并深度融合。管理会计作为企业战略支持和价值创造的核心力量，应主动抓住变革契机顺势而为，通过变革思维方式、优化业务流程、拓展管理职能、改进技术应用、加强人才建设等，以区域产业数字化转型需求为导向，厘清高职院校管理会计人才培养的目标与方向，为企业管理会计数字化转型和价值创造提供借鉴经验。

与此同时，数字化转型对优质、专业管理会计人才提出了更高的要求，通过不断变革与创新提升高职院校管理会计人才培养的质量，是保障职业教育高质量发展的重要任务。管理会计人才应以服务区域产业发展为目标，明确与数字化转型相适应的核心能力要素，不仅需要掌握扎实的专业知识、职业技能和数字素养，而且需要具备计算机技术、统计学、管理学等跨学科领域相关知识。

高等职业教育作为培养未来企业管理会计工作力量的关键环节，正面临着前所未有的机遇与挑战。应通过调研高职院校管理会计教学的现状、存在的问题及原因，全面、系统地开展教师、教材和教学方法改革。同时，总结教师教学能力比赛成果，提炼管理会计赋能企业价值创造的典型案例，提升学生发现问题、分析问题和科学决策的能力，提升管理会计课程在数字化人才培养中的重要支撑作用。

本书通过对接国家和湖南省战略新兴产业及长沙市重点产业发展需求，以产教融合共育管理会计人才为策略，构建数字化背景下高职院校管理会计人才培养的新路径。以期增强校企协同互动、建立资源共建共享、强化人才多元培养、打造智慧教学生态，实现教育链、人才链、创新链、产业链的"四链融合"，最终目标是能够培养出一批产业急需、技艺高超和具备良好职业素养的高素质应用型职业教育管理会计人才。

著　者

2023 年 12 月

目 录

第一章 概 述

第一节 概念界定

一、数字化转型

（一）数字化转型概念

1. 数字化转型定义

数字化转型的定义广泛而多样。一般指利用人工智能（AI）、大数据、云计算、区块链、5G等先进的数字技术和信息手段，建立起一种以数字新技术为核心的极富创新力和发展力的业务模式，从而彻底改变原有的组织结构、生产流程和文化特征，以适应新时代背景下"数智化"变革的需求和挑战。数字化转型涉及从传统模式向数字化、智能化、自动化的运营模式转变，企业迫切需要适应数字时代的变革，从而达到提高效率、降本增效、控制风险、创新模式、科学决策、文化转型、影响战略和走向国际等目标，提升企业的核心竞争力。

数字化转型的支点是技术变革。其是对企业整体运营方式、价值链和服务链的重塑再造。通过组织业务、市场营销、人力资源、产品研发、财务共享等方面开展深刻变革。如今，数字技术正在不断地融入产品、服务和业务流程中，旨在助力企业捕捉客户需求、提高运用效率、提升核心竞争力等。企业数字化竞争能力的根源，离不开具备数字化技能的人才队伍，需要为数字化转型与变革储备具有数字思维和技术能力的人才，确保在数字时代能够紧跟市场的步伐。

数字化转型的核心是模式重塑。从简单的技术应用向全面业务重构的转变，利用新一代数字化、网络化、智能化的技术实现企业深层次的商业模式变革与再造。这不仅仅是单纯地购买智能设备、信息系统或网络设施，而是持续地投入与创新，实现信息技术与业务管理的融合，能够从根本上实现生产力再造；并运用数据分析驱动智能化的工作流程，从而能够迅速、科学地做出决策。总体来看，数字化转型所面临的挑战来自方方面面，往往并不能够一蹴而就，需要有针对性地进行改造，从而优化现有资源，改变社会价值创造的方式。

数字化转型的趋势是数字管理。在信息技术的驱动下，教育领域的各个层面开展了深刻的变革，教育数字化转型具有重要的时代意义。一是促进数字化教育资源的广泛应用。包括在线课程、数字教材、虚拟仿真实训等数字化教育资源的广泛应用。二是增强数字化教学工具的使用。可以利用多媒体教室、VR互动、平台软件、案例视频等数字化工具，丰富课堂教学形式、提升教学效果。三是引入数字化管理系统。涵盖学生信息管理、课堂管理、作业管理、考试管理等，提高学校和教师的管理效率和决策能力，及时了解学生的学习情况。

综上所述，数字经济时代已经到来，各行各业都面临着数字化转型的问题。随着新技术的广泛应用，催生出新的业务模式，加速了教育转型升级与数字化改造的深度融合。数字化转型是当今社会的一场深刻变革，既伴随着机遇也带来了挑战，需要全社会的共同努力，从多层面形成更为紧密的合作理念，全面推动数字时代的发展。

2. 数字化转型逻辑

一是从业务需求出发，制定战略规划。企业或组织需要明确自身的定位和发展目标，分析市场和行业趋势，找出数字化转型的必要性和可行性；明确自身的业务需求和痛点，分析数字化技术在哪些方面可以带来改善和提升，从而制订数字化转型的可行性计划、优化运营流程和提高生产效率，为数字化转型提供发展目标。

二是要打破传统模式，实现数据治理。数字化转型需要打破传统思维模式，建立起完善的数据治理体系。不断尝试运用新方式、新工具解决实际问题，例如运用大数据、人工智能等技术，通过对数据的采集、处理和分析，提高数据的可靠性、安全性与规范性，从而发挥数据创造价值的能力，为数字化转型提供核心依据。

三是灵活地应对变革，优化技术应用。从企业内部需求看，市场竞争激烈、用户需求变化、公司战略优化、降本增效等都会驱动数字技术的转型。如果不主动选择转型，则会导致企业处于劣势甚至最终被淘汰。因此，选择合适的数字技术对企业的发展来说尤为重要，主要包括但不限于运用云计算、大数据、人工智能、区块链等来实现数字化转型的目标。与此同时，还需要提高员工的数字化素养和技能水平，加强团队建设和培训，为数字化转型提供技术保障。

四是不断改进与优化，跨界合作创新。数字化转型的成功离不开组织变革。企业或组织需要进行组织架构的调整和优化，建立适应数字化转型的组织文化和管理制度；同时，还需要提高员工的数字化素养和技能水平，加强团队建设和培训，为数字化转型提供有力的人才保障。数字化转型需要合作创新。企业或组织需要与其他企业、组织和个人建立紧密的合作关系，共同推进技术创新和业务模式创新。通过合作创新，可以实现资源共享和优势互补，提高数字化转型的效率和成果，为数字化转型提供技术保障。

3. 数字化转型趋势

首先，数字生产力驱动工作流程的变革。数字技术的发展影响了工商行业、教育行业、制造行业、金融行业、科学研究、医疗保健、智能家居等多个行业和相关领域。通过对大数据的挖掘和处理，系统能够识别模式、预测趋势，并做出科学的决策分析。由技术驱动的新时代带给我们前所未有的便利和机会，同时也带来了一系列的挑战，因此社会发展、产业调整、教育改革与科技创新等需要更加紧密地协同发展，以确保技术的应用符合人类的价值观和长远利益。

其次，数字协同力促进生产效率的提高。人类与机器的紧密合作成为时代的显著标志，人机交互技术的不断创新和发展为人类提供了支持和辅助，提高了工作效率和决策水平。从生产制造到服务业，自动化的机器系统替代了人工重复性、烦琐性的工作，使人们能够更专注于创造性和高层次的任务，以有效应对日益多变的市场环境。

再次，数字治理力赋能协同管理的模式。国家治理、区域治理、产业治理、企业治理、学校治理正在向数据驱动的治理新模式演进。通过大数据、人工智能等技术赋能，量身打造多变的业务场景，提供精准的数据分析报告，进行全程的数据跟踪与记录，绘制大数据画像，达到分析与优化的目的。数字系统能够适应环境变化，不断学习和优化，实现柔性治理、全局治理、动态治理和精准治理。

最后，数字觉醒力推进数字转型新阶段。数字素养是指具备运用数字技术解决问题、获取信息和表达思想的能力。如今数字技术已经深刻地渗透社会的各个方面，提升数字素养对于适应数字时代需求和社会变革具有重要意义。未来需要大量的数字人才，而对数字人才更要求彰显个性，更强调技能融合和柔性响应，更迅速、准确地获取信息，更容易进行跨界合作，促使知识更为全面和综合，从而提高信息素养水平，促进全民数字素养与技能提升意识的全面觉醒。

（二）数字化转型意义

1. 国家层面战略推进

国家政策全面推进数字化转型。2015年，习近平总书记在第二届世界互联网大会开幕式上首次提出推进"数字中国"建设，"数字中国"是新时代国家发展的新战略。2017年，党的十九大明确提出要加快建设"数字中国"，加快数字化转型已是大势所趋。党的二十大报告指出"要加快发展数字经济，促进数字经济和实体经济深度融合""全面推动中国式现代化，加快建设数字中国，加快发展数字经济，推进教育数字化转型"。党的二十大报告首次将"教育、科技、人才"提升到前所未有的高度。中共中央、国务院印发了《数字中国建设整体布局规划》《"十四五"数字经济发展规划》，明确了国家实施数字化转型战略是推进现代化治理、把握数字化发展机遇、应对数字化建设挑战、构筑数字化核心竞争力、推动数字经济健康发展的重要举措。

数字化转型对国家发展至关重要。国家层面的数字化转型战略是指通过数字技术和实体经济的深度融合，协同推进数字产业化和产业数字化，涵盖经济、政治、社会、文化、政策、技术、人才等各方面信息化建设，具体包括互联网+、大数据、云计算、人工智能、区块链等内容。在数字化战略的引领下，其核心内容主要包括建设数字基础设施、推动政府企业关系、加强数字人才培养以及加强数据安全保护，能够提升综合竞争力、促进国家创新发展和提高政府治理能力等。实现数字化转型战略具有重要性和挑战性，国家应从战略层面引导和推动社会数字化变革，提升数字化转型的成功率。

2. 产业层面转型升级

经济发展助推产业数字化转型。根据党中央、国务院对数字经济发展做出的全面政策部署，推动产业和企业的数字化转型，对加速中国数字经济建设具有重要的现实意义。随着数字经济的蓬勃发展，产业数字化规模稳步增长成为经济高质量发展的重要支撑。数字中国建设取得显著成效，2021年中国数字经济规模为45.5万亿元（人民币），占国内生产总值的39.8%；2022年中国数字经济规模占国内生产总值比重提升至41.5%，达到50.2万亿元（人民币）。因此，推动数字技术与实体经济深度融合，成为建设中国现代化产业体系的重要途径。

深化企业数字化转型迫在眉睫。顺应数字经济高速增长趋势，积极主动适应和引领新一轮科技革命和产业变革，以数字技术促进产业融合发展，加强关键核心技术研发和产业化，引导和支持传统产业数字化转型升级。要抓住数字经济新机遇、打造数字应用新场景，营造产业和企业数字化转型的良好环境，建立健全数字经济相关法规、制度、标准和考评体系，促进数字技术在重点产业领域的广泛应用，全面赋能企业数字化转型与高质量发展。

3. 院校层面对接需求

教育改革助力人才数字化转型。教育是为经济社会发展输送劳动力的重要手段，经济发展也是保障教育能够稳定发展的必要基础，两者联系紧密。为适应国内经济发展供给侧改革大环境的需求，人力资源供给侧改革成为产业结构优化调整的重点。当前我国数字经济加速发展，数字化转型不仅推动企业在业务、流程等方面全面变革，而且对高职院校人才培养提出了新的要求。高等职业院校应抓住教育数字化转型机遇，培育数字经济时代所需的应用型人才，校企共建数字化课程新生态，提升人力资本的质量，势必需要教育改革与技术创新同向并进。教育供给侧改革在当下是呼应国家和社会发展的政策性需求，推动教育数字化转型成为当前我国教育改革的首要任务。加强高职院校数字技术技能人才培养，通过校企共建现代产业学院、实习实训基地等方式，开展订单制、现代学徒制等多元化人才培养模式。

以产业转型为契机对接人才需求。职业教育作为与产业对接最为紧密的一种教育，人才培养应与产业需求全方位对接。通过建设"产教融合共同体"，能够促进教育资源与产业布局精准匹配、校企资源共建共享，从而更好地适应行业和企业数字化转型发展的新需求。总体而言，我国高等职业教育经过持续不断地发展，整体水平已经达到世界中上水平，国际影响力稳步提升，教育普及程度持续提高，在提升人才数字素养、建设资源强国等方面不断取得新的突破，从而推动职业教育更好地服务经济社会高质量发展。

（三）数字化转型动因

1. 数字经济驱动

数字经济是指通过数字技术和信息网络推动的经济活动，是以数字技术为基础、以信息网络为载体、以知识和信息为核心要素的一种新型经济形态。数字经济的概念起源于20世纪90年代，最早可以追溯到美国学者唐·泰普斯科特1996年的经济学著作《数字经济》。2016年，我国在G20杭州峰会上倡导签署《二十国集团数字经济发展与合作倡议》，提出了数字经济的概念——"以使用数字化的知识和信息作为关键生产要素、以现代信息网络作为重要载体、以信息通信技术的有效使用作为效率提升和经济结构优化的重要推动力的一系列经济活动"。2021年，中国信息通信研究院（以下简称中国信通院）提出的概念比较全面地体现出了数字经济的内涵，认为"数字经济是以数字化的知识和信息作为关键生产要素，以数字技术为核心驱动力量，以现代信息网络为重要载体，通过数字技术与实体经济深度融合，不断提高经济社会的数字化、网络化、智能化水平，加速重构经济发展与治理模式的新型经济形态。具体包括数字产业化、产业数字化、数字化治理、数据价值化"。

根据中国信通院发布的《中国数字经济发展研究报告（2023年）》，推进产业数字化本身就是构建现代产业体系的重要环节。《中华人民共和国国民经济和社会发展第十四个五年规划和2035年远景目标纲要》指出，要坚持创新驱动发展，全面塑造发展新优势。当前，我国正在大力推动数字经济发展，推动数字经济和实体经济深度融合，以数字化转型推动经济高质量发展。数字经济涵盖了众多产业和领域，包括但不限于电子商务、移动支付、信息工程、机械自动化、大数据产业、人工智能产业、云计算产业、网络安全产业等。数字经济区别于传统经济的特点，一是高效便捷，数字经济通过网络平台和数字技术实现经济活动；二是提质赋能，数字经济通过人工智能等技术实现自动化和智能化；三是覆盖面广，数字经济通过网络化的平台，打破时间和空间的区域限制；四是降本增效，数字经济降低交易和服务成本，提高企业的竞争力；五是提升效益，数字经济具有广泛的社会效益，能提高社会生产力和人民生活水平。

2. 数字技术创新

中共中央、国务院印发的《中国教育现代化2035》明确指出了十个教育现代化的战略任务，包括"加快信息化时代教育变革，利用现代技术加快推动人才培养模式改革，实现规模化教育与个性化培养的有机结合"。《"十四五"国家信息化规划》提出"信息化进入加快数字化发展、建设数字中国的新阶段",应"积极利用云计算、大数据等新技术,提升信息化服务教育教学与管理的能力"。

在当今信息技术迅猛发展的时代背景下,教育数字化已成为全球教育改革与发展的重要趋势,推进深度融合数字技术的教育教学变革,深刻影响着高等职业教育的现状。教育数字化转型不仅重塑教学与学习的方式,还在根本上改变了知识的传递、获取和应用过程,这既是数字时代教育的机遇,又是必须应对的挑战。总而言之,教育数字化旨在利用数字技术改革教育体系、提高教育质量和优化流程效率,涵盖从基础设施建设到教学方法创新、从课程内容更新到评估方式变革的全方位改进。教育数字化的核心要素可以归纳为以下四个方面:其一,数字技术基础设施是实现教育数字化的物质基础,例如高速互联网、智能设备、云计算平台等相关设施;其二,数字化内容与资源涉及教材、课程以及各种学习资源的数字化,使得知识传播具备高效性和广泛性;其三,是创新教学与学习方法,数字技术的应用使得翻转课堂、在线教育、个性化学习等现代教学模式打破传统教学方式的壁垒,极大地增强了教学的互动性和适应性;其四,是优化评估与管理机制,数字技术的引入使得学习过程和结果更易于追踪和评估,同时也为教育管理提供了更为精细和动态的手段。

然而,教育数字化并非单纯的技术问题,而是一场涉及理念更新、结构调整、政策支持与文化变革的深刻革命。在上述过程中,面临的主要挑战包括如何保证教育公平、如何培养学生的批判性思维与创新能力、如何确保教师的专业发展等相关问题。教育数字化是复杂而全面的转型过程,要求各方面因素相互配合、共同推进。对于高职院校而言,把握教育数字化的核心要素和应对其带来的挑战和机遇,是实现人才培养变革与转型的核心要义。"产学研用"的协同创新,将驱动教育的变革与发展,给教育行业带来重大影响。

3. 数字生产力兴起

科学技术是第一生产力,数字化转型的核心是数字化生产力的发展与演变。在数字化、智能化时代,企业需要转变认知,确立新思维,从战略、运营、组织、人才、文化等各个层面进行转型变革、打破边界,构建数字化人才生态系统。一是数字化思维观念要破界。人才供应要对接企业的数字化战略和业务发展需要,积极尝试新方法、新工具,突破传统的财务习惯思维边界,尝试新角度、新立场,才能跟上当今时代的发展。二是数字化专业能力要破界。具备数字化发展能力,一方面要结合工作实际要求不断提升专业水平,在持续更新专业知识、专业技能的基础上,全面提高职业判断能力;另一方面要有数字化经营与管理意识,能从浩瀚的数据中敏锐捕捉到业务信息,做数据的分析者和信息的提供者,实现数字化转型与数字化能力发展。三是数字化沟通能力要破界。通过集成化数据平台,实现分布式精准人才配置,融合数字技术进行价值评价,员工在组织内部从靠领导来指挥、命令、控制，转变为靠数据驱动的数字化领导，提炼出对业务有价值的数据信息，站在宏观角度通盘考虑业务，从而提出科学的决策方案。四是数字化作业空间的破界。构建数字化的工作场景体验，人与人沟通与协同的数字化。员工需要主动融入业务中，不能再局限于眼前，应将眼界扩展至行业、客户、供应商，以整合的眼光看待整个企业的经营状况，放眼于行业政策、行业趋势、商业模式、竞争者信息，力争为企业创造更大的价值，人才价值创造过程与成果以数字化衡量、数字化表达、数字化呈现。五是数字化流程再造的破界。构建数字化工作任务，人与岗位的数字化动态匹配，从内部传统管理模式来突破，要突破原有的部门分工边界，以流程为中心来划分职责，建设数字化人才团队，有利于实现部门之间的信息共享和共同协作，从而优化资源配置。

（四）职业教育数字化转型

1. 转型理论依据

国内对教育数字化转型的理论研究较多，主要集中在：一是对数字化赋能职业教育的研究。杨勇（2022）阐述职业教育数字化转型的时代意义和变革趋势，分析职业教育面临的机遇与挑战，提出数字化转型质控点。二是对数字化在教学及人才培养中的应用。潘霞冰（2022）提出职业教育应顺应时代发展需求，实现信息技术与职业教育融合应用，为社会培养高素质应用型技术技能人才。三是对数字化转型与高质量发展的研究。"高质量发展"这一术语逐渐从经济学领域走向教育学领域。张青山（2022）认为职业教育发展的动力机制、要素结构、发展目标均表现出"高质量"的特征。孙思玉等（2022）认为，应明确职业教育类型定位、拓展职业教育边界、调整现代职业教育体系等。

国外对数字化转型研究起步较早，教育数字化转型已成为世界各国一致的战略选择。一是关于职业教育向数字化转型的研究。2020年，联合国教科文组织发布《教育数字化转型：学校联通，学生赋能》，2021年发布《职业技术教育与培训战略（2022—2029）》《数字教育行动计划（2021—2027）》等将教育与世界联系起来，主张提高就业能力、创业技能和市场竞争力，支持社会经济数字化及绿色转型。二是关于教育教学改革效果的研究。Valiathan P.（2002）阐述了态度、技能和能力驱动型三种教学模式，为学习者营造协作性、积极性的学习体验。德国职业教育处于世界领先地位，项目教学法被广泛采用。美国注重对学生实践与综合能力的培养，在教学过程中给予学生充分的自主性。三是关于教学效果的研究。Serge Herzog（2007）等学者发现，课堂环境对学习效果能够起到积极影响。美国教育部通过教学和调研得出，借助信息技术能够使学习效果得到保障和提升。

2. 相关政策保障

目前，数字技术正加速重塑产业链和价值链。《"十四五"数字经济发展规划》

提出产业数字化变革，导致劳动力市场需求发生改变。职业教育作为与市场结合最紧密的教育类型，在服务经济发展中起到了重要作用。根据有关部门测算，到2025年，我国制造业十大重点领域人才需求缺口接近3000万人。上述数据表明，我国亟需大量能够从事数字化劳动生产的应用型技术技能人才。教育数字化转型是新兴技术与教育融合的必然趋势，也是教育高质量发展对数字化转型的迫切需求。其内涵主要包括三个方面：首先是战略层面规划，创新数字化意识和思维；其次是信息系统变革，重构数字化教育新生态；最后是探索核心路径，推动受教育者和教育者的数字化能力建设。

《国家职业教育改革实施方案》《职业教育提质培优行动计划（2020—2023年）》《中国特色高水平高职学校和专业建设计划的意见》《关于推动现代职业教育高质量发展的意见》《教师数字素养》等文件的落地，为数字化赋能职业教育提供了良好的工作基础。党的二十大报告首次把教育、科技、人才进行"三位一体"统筹安排，将"推进教育数字化"写入报告，赋予教育在全面建设社会主义现代化国家中的新使命。《教育部2022年工作要点》将实施教育数字化战略行动列为重点任务，对职业院校提出了新任务、新要求和新方向。促进职业教育高质量发展是国家在新阶段提出的新要求，瞄准技术变革和产业优化升级的方向，促进"产业链、人才链、技术链、教育链、创新链"有效融合，强化师资建设，优化教学模式，深化产教融合，为全面建设社会主义现代化国家提供坚实的技能人才支撑。

3. 未来发展趋势

工业化时代已经开启了人类知识的大爆炸时代，在现代主义为特色的学校数字化时代，知识堪称达到"核聚变"数量级。由于专业知识和岗位分工的进一步细化，借助计算机、互联网和大数据等来代替人脑大部分负载便成为数字化时代所必须解决的问题。学校1.0时代和2.0时代的知识垄断和分界被打破，海量的信息、知识和便捷的传播接收手段使信息趋于对称，靠信息不对称生存和发展的时代已经成为过去。数字化时代的学校概念越发模糊，个性和创新成为时代标志，学习不再成为生存需要，动机鸿沟已然显现。

随着信息与通信技术发展突飞猛进，特别是"互联网+"时代的来临，使得学习环境、教育资源、学习方式都发生深刻变革。互联网时代的连通性、开放性、去中心和分享主义构成一种新的开放学习环境，为学校教育教学方式的转变提供了可能和支撑，推动着传统学校教育教学结构的深刻变革。而真正颠覆学校2.0时代的是数字时代的到来，通过人工智能记录知识，并替代人工重复性的工作。通过信息技术与教育教学的不断融合和发展，促进了教育的公平，提高了教育的质量，降低了教育的成本，更让我们看到了实现规模化与个性化的趋势。学习环境的不断完善、大规模开放在线课程的快速发展、教育体制和机制的变革、市场力量的崛起，为规模化与个性化的和谐统一打下了学校变革的坚实基础。

当代教育正处于一个巨大变革的时代，变革的核心问题是如何从适应工业化时代规模统一的教育，逐渐向按学生需求和偏好定制的个性化教育，向为每个学生提供合适的教育而转变。新技术应用与教育方式的同步变革，展现了现代教育的主要发展方向：一是构建基于互联网的个性化教育新模式，根据学生的兴趣和需求提供教学资源；二是应用信息技术构建学习新方式，信息化教育成为现代教育的主要趋势；三是从"用经验说话"转向"用数据说话"，增强对教学行为进行分析、诊断和干预的洞察力。

综观学校发展的变化，可以看出其核心逻辑：第一，学校伴随着生产力的发展而出现，并随着生产力发展而进化；第二，学校的发展进化可以成为社会发展的推动力量，也可能成为社会发展的阻碍力量；第三，知识的传承始终居于核心地位，而创新逐渐成为学校的主旋律；第四，学校的形态从私有走向公共，又再次走向私有，个性化成为其中的核心；第五，技术的每一次进步都会驱动学校结构的变革。学校变革的动力并不会消失，学校更像是生产关系中上层建筑的符号，当社会生产力变迁使学校不适应生产力发展现状时，学校的变革必然会发生。总而言之，生产力的发展变革需要学校的变革。

纵观学校演化的历程，可以看出其动力机制：一是作为上层建筑的学校教育必须适应生产力发展，这是一个哲学的基本原则问题。社会化大生产引起的分工，社会对教育功能的不断调整，是学校变革的基础。二是技术的进步，特别是信息传播技术、社会交往方式等变革，是驱动学校进化的必要条件。信息的接收不再需要教师媒介，以传播知识为主的学校必然会面临被淘汰的结果。人际交往方式也发生着改变，进而引发社会、经济等改变，教育自然也需要改变。三是人类生产工具的革新促进体力的逐渐解放是学校变迁的直接动力。在信息社会和智能社会，知识的创造日趋重要，教育走向个性化、人本主义和重视创新创造，成为社会的必然要求。四是思想的跃迁，既是生产力发展的结果，也是生产力发展的基础，智能社会、个性化和人本主义成为主流思想。五是脑科学、认知心理学、教育学等的深入研究和突破，是学校进化的理论基础。基于信息技术的流程再造，促成教学内容、方式、评估等各要素的重构，也是学校数字时代诞生的学术驱动力。

二、高等职业教育

（一）高等职业教育的定义

1. 职业教育类型定位

高等职业教育是指在普通高等教育和中等职业教育之间的一种教育层次，以培养应用型、技能型人才为主要目标的教育体系。通过职业技能培训、实践教学和理论学习相结合，使学生获得更高层次、更专业化的职业知识和技能，以适应社会经济发展需求。高等职业教育旨在培养既具备深厚的专业知识，又具备较强实际操作能力和职业素养的应用型专业人才。

2. 职业教育覆盖领域

高等职业教育是我国高等教育的重要组成部分，高等职业教育专业涵盖了19个专业大类，包括但不限于农林牧渔、资源环境与安全、能源动力与材料、土木建筑、水利、装备制造、生物与化工、轻工纺织、食品药品与粮食、交通运输大类、电子与信息、医药卫生、财经商贸、旅游、文化艺术、新闻传播、教育与体育、公安与司法、公共管理与服务等领域。这些领域涉及各个行业，旨在满足社会对不同专业人才的需求，为产业转型升级与数字化改造提供了有力的技术技能人才支撑。

3. 职业教育发展现状

高等职业院校的发展，丰富了教育资源，满足了人民群众多层次的教育需求，对于促进我国高等教育体制改革、更新教育观念，加快高等职业教育大众化进程、稳定社会秩序做出了重要的贡献。但也必须清醒地看到，我国高等职业教育任重而道远，在快速发展的同时还存在着诸多问题与困难：一是存在观念偏颇；二是政策不完善；三是缺乏充足的资金；四是师资力量不足；五是内部管理体制不健全；等等。

（二）高等职业教育的目标

1. 职业教育核心目标

高等职业教育的核心目标是培养具备一流专业知识和技能的应用型技术技能人才。以培养学生职业行动能力和职业生涯可持续发展能力为目标，以"岗、课、赛、证"融通为指引，校企协同构建"知识、技能、素养"适应产业转型升级的模块化课程体系。课程教学内容应对接"新技术、新规范、新工艺和新业态"，体现职业教育数字化转型升级。结合专业建设基础、区域经济发展要求和人才需求，培养学生职业能力、执业能力和创新能力等，使其能够在特定领域内胜任各类工作。

2. 职业教育就业面向

一是面向就业市场。职业教育专业要紧跟市场需求，持续优化设置。培养学生适应市场需求的能力，使其能够在就业市场中找到适合的职业岗位。二是面向专业能力。通过仿真实训、实习实践、第二课堂等活动，提升学生的专业技能和综合素质，满足职场的要求。三是面向企业需求。精准对接产业发展需求，通过产教融合，填补企业人才缺口。强化终身学习理念，为职场人员提供持续的学习和发展机会。这些面向体现了职业教育在知识传授、能力培养、情感教育和态度形成等方面的综合性和全面性。

3. 职业教育社会需求

高等职业教育作为服务社会和产业发展的一部分，其使命之一是满足市场对各类人才的需求。通过灵活的专业设置和实际需求导向的培训，确保毕业生更容易找到工作，同时为企业提供高质量的人才支持。高等职业教育应当与区域产业发展保持紧密联系，通过开展科研与实践，促进产业技术创新和升级。除了专业知识和职业技能，高等职业教育还注重培养学生的职业素养，包括沟通能力、团队协作、工匠精神、职业道德等方面，培养具备创新精神的人才，使其能够在工作中推动企业和产业的发展。

（三）高等职业教育的特征

1. 职业教育实用性强

职业院校的课程设置和实践教学紧密结合，使学生在学校就能获得与实际工作相关的职业技能。职业院校能够及时地调整以适应市场需求的变化，课程设置更为灵活。通过实习实训基地的建设、产学研合作项目的推动，使学生在校阶段就能提前接触到真实的工作场景，迅速响应新兴行业的需求，培养符合市场需求的人才。

2. 职业教育认可度高

高等职业教育的就业率与社会认可度高。相对于一些传统学科，高等职业教育的毕业生更容易找到工作，原因是他们具备了市场所需的实际技能，通常在学校的学习过程中，就已经接触过实际的工作环境。

3. 职业教育竞争力强

随着高等职业教育的国际化竞争力不断增强，职业教育的课程和培养模式更符合国际化标准，使得毕业生在国际市场上更具竞争力。同时，学校通常与国际企业或机构有相关的合作项目，增加了国际沟通与交流的机会，提升了学生的国际化视野。

（四）高等职业教育的意义

高等职业教育作为教育体系的重要组成部分，具有独特的地位和作用。在社会快速发展和经济结构调整的背景下，高等职业教育在培养应用型、技能型人才，促进社会就业和推动经济发展方面具有重要的意义。

1. 满足多层次人才需求

高等职业教育的毕业生通常能够更迅速地适应工作岗位，为社会经济的发展提供助力。高等职业教育的发展使得社会劳动力结构更趋向多元化。不同领域的专业人才得到平等发展，为社会各行各业提供了更为丰富的人才资源。高等职业教育在促进人才就业方面发挥着重要的作用，通过培养更多具备实际技能的人才，可以有效减少社会对就业问题的担忧，进而促进社会的和谐稳定。

2. 有助于拓展教育公平

高职教育可以把学生的特长发挥到最大化，从而促进教育公平，推动教育均衡发展。职业教育更加注重对学生实际工作技能的培养，让每名学生都能发挥出自己的特长，这使得更多的学生能够通过努力获得工作机会。因此，高等职业教育为个体提供了更多的发展机会。

3. 服务区域经济发展

高等职业教育通过与企业密切合作，了解市场需求，调整专业设置，为各行各业培养和提供符合实际需求的应用型技术技能人才，能够有效推动产业数字化升级与改造。高职教育注重培养学生的实操技能和创新能力，提高学生的职业技能、数字化素养和综合素质，满足社会各方面的人才需求。职业教育推进产教融合，大力培育"职教出海"项目，培养学生的国际视野和跨文化沟通能力，促进多元文化的融合，这不仅提高了学校的声誉，还有助于拓宽就业渠道。

三、管理会计人才培养

（一）管理会计基本概念

1. 管理会计的定义

管理会计（management accounting）又称"内部报告会计"，是从传统的会计系统中分离出来，与财务会计并列，着重为企业进行最优决策，改善经营管理，提高经济效益服务的一个企业会计分支。管理会计是"管理"与"会计"的结合，作为现代企业会计信息系统中的一个子系统，其产生是会计发展和管理科学发展的必然结果，也是社会生产力发展到一定阶段的必然产物。随着管理会计从财务会计中分离出来，成为一个独立分支，管理会计成了为企业内部管理、整体发展提供信息服务的实用工具。

管理会计旨在运用一系列专门的方法，收集、分类、汇总、分析和报告各种经济信息，在企业预算规划、成本管控、预测分析、运营管理、决策分析、业绩考核等方面发挥着重要的作用。通过强化企业内部经营管理，为企业降低运营成本、提高经营效率和开展科学评价，从而达到实现最佳经济效益的目的。管理会计以企业为主体展开管理活动，以管理会计岗位工作任务为主线，将企业的战略、业务、财务等各个方面有机地结合起来，运用数字技术赋能管理会计工具应用，为企业经营管理和价值创造提供最优决策。

2. 管理会计的目标

管理会计的目标是指在一定的经营环境下，通过管理会计实践活动所达到的预期结果。这是管理会计工作的定向机制，也是事后评价管理会计工作绩效的判断标准。管理会计目标的确定需要同时考虑以下两个主要因素：一是社会需要，即"需要管理会计干什么？"二是实现可能，即"管理会计能够干什么？"美国会计学会下设的"管理会计学科委员会"认为，管理会计的基本目标是：向企业管理人员提供经营决策所需要的会计信息。管理会计还包括四个辅助目标：一是履行计划管理职能；二是履行控制职能；三是履行组织职能；四是履行经营管理职能。我国学者普遍认为，管理会计的总目标是为管理当局提供改善经营管理、提高经济效益和社会需要的决策。其具体涵盖四个方面：确定各项经济目标、合理使用经济资源、调节控制经济活动以及评价考核经济业绩。

管理会计的职能是实现管理会计目标的具体体现，是管理会计本身固有的客观功能。管理会计是管理科学和会计科学相结合的产物，因此，管理会计的职能与管理的职能和会计的职能是密切相关的。管理会计的职能可以概括为：预测职能、决策职能、预算职能、控制职能、考评职能。

预测职能：根据企业未来的目标和经营方针，充分考虑经济规律和资源约束，利用会计、统计和其他有关信息，采用科学的经济预测方法，对企业未来的销售、成本、利润和资金需求量等重要指标进行合理的预计和推断，为企业管理者进行正确的经营决策提供信息支持。预测职能是管理会计的基本职能，是执行其他职能的基础。

决策职能：所谓决策，就是要做出决定或"拍板"，即对未来行动的目标或方向及实现目标的方法和手段作出决定。因此，管理会计初步筛选出可行性方案，供决策者进行选择的各种准备工作。

预算职能：预算是行动计划的定量表现，是在最终确定的决策方案的基础上，编制企业全面预算和各责任单位的责任预算，从而确定企业各方面应达成的主要目标，借以指导当前及未来的经济活动。预算职能既是参与决策职能的继续，又是控制职能、考评职能的基础。

控制职能：根据预算标准来衡量预算执行情况，纠正预算执行中的偏差，确保预算目标的实现。这一职能的发挥，要求将对经济过程的事前控制同事中控制有机地结合起来，纠正预算执行中的偏差，确保预算目标的实现。

考评职能：考评主要是在事后，根据各责任单位所编制的业绩报告，将实际数据与预算标准进行对比，并分析其中的差异及其产生的原因，明确责任归属，以此作为对各责任单位的工作业绩或经济成果进行评价、考核以及奖惩依据。

总的来说，以上职能并不孤立，而是紧密地联系在一起，互相补充和促进，共同发挥着一种综合性功能，即提高企业的经济效益。

3. 管理会计的发展

管理会计作为现代企业会计信息系统中的一个子系统，其产生与发展是社会生产力发展到一定阶段的必然产物。管理会计学是把管理与会计这两个学科巧妙地融为一体的一门新兴的边缘学科，是管理科学和会计科学相结合的产物。管理会计从财务会计中分离出来，成为一个独立分支，其形成与发展是会计发展史上一个重要的里程碑。依据发展历程，可以将管理会计的发展概括为以下几个重要的阶段。

一是传统管理会计阶段。这一阶段为20世纪初至20世纪50年代，代表人物是被誉为西方"科学管理之父"的泰罗。他在1911年出版了《科学管理原理》一书，阐述了科学管理理论的内涵。1912年美国会计学者奎因坦斯在其出版的专著《管理会计：财务管理入门》中首次提出了"管理会计"这个术语，但书中提及的管理会计概念仅局限于企业内部财务管理范畴。1924年，麦金西出版了专著《管理会计》，布里斯出版了专著《通过会计进行管理》，这些著作被誉为早期管理会计学的代表作。该阶段，管理会计以成本控制为基本特征，以提高企业的生产效率和工作效率为目的。

二是现代管理会计阶段。这一阶段的时间跨度为20世纪50年代至80年代，该时期是世界经济进入新的发展时期，也是市场逐渐进入供过于求的时期。此阶段的工作重心是管理会计以"预测决策会计为主、以规划控制会计和责任会计为辅"。同时，为了适应企业的庞大规模，绝大多数集团实行了分权管理模式，业绩考核就变得非常重要了。

三是战略管理会计阶段。随着战略管理理论的发展和完善，战略管理会计开始逐渐形成。著名管理学家西蒙于1981年首次提出"战略管理会计"一词。战略管理会计是在现代管理基础上的进一步发展，与战略管理是相互依存、相互渗透的。运用各种相关信息，来协助企业管理层确立战略目标、进行战略规划、评价管理业绩，它是企业战略管理与管理会计相结合的产物。目前，西方战略管理会计主要关注战略成本分析、目标成本法、产品生命周期成本法、平衡记分卡等四个领域。

四是我国管理会计的发展阶段。我国学者结合中国的实际情况，对管理会计的定义提出了许多不同观点。其中最具代表性的定义是：管理会计是通过一系列专门的方法，利用财务会计及其他有关资料进行整理、计算、对比和分析，使企业各级管理人员据以对日常发生的一切经济活动进行预测、规划与控制，并帮助企业领导做出各种专门决策的信息处理系统。目前，大数据是新一代革命性信息技术，在数据挖掘过程中能带动理念、模式、技术及应用实践的创新，对企业管理会计的应用影响深远。大数据的赋能，使管理会计的实践应用更为优化。管理会计作为一门独立的会计学科，有一个相对成熟的，且由管理会计职能、目标、概念和技术方法等基本理论范畴构成的概念框架，用以解释、评价和指导管理会计实务。

"十四五"时期是我国由全面建成小康社会向基本实现社会主义现代化迈进的关键时期。推动高质量发展，更好开启现代化新征程，是管理会计应用在新发展阶段取得突破的重要机遇。大力加强管理会计应用和实践，对于推进国家治理体系和治理能力现代化，建立完善现代企业制度、增强核心竞争力和价值创造力，深化会计改革，推进行业提质增效等都有着十分重要的意义。同时，数字化时代对管理会计工作产生了深远的影响。随着5G、人工智能、大数据、物联网等新技术的迅速崛起，对管理会计的组织方式、职能手段等产生了重大而深远的影响，管理会计逐步走到了业务前端，发挥其在事前、事中、事后管理中的重要角色。数字化时代的到来，为管理会计建设提供了新的发展前景，并营造了良好的环境；信息技术与管理创新融合，也为管理会计注入了新的活力、充实了新的内涵。

（二）管理会计相关政策

1. 推进管理会计体系构建

管理会计实践具有鲜明的开放性、灵活性和差异化特征。管理会计内容涵盖单位的各个方面，不同类型的单位推进管理会计的侧重点和步骤各有不同。管理会计理论和工具方法要与单位的具体实际相结合，不同行业、不同企业、不同发展阶段，在管理会计应用上要有不同侧重，选择适用的工具方法。针对这一推动管理会计应用的难点，并针对具体行业、重点领域、常用工具，适时组织编写应用指南，在管理会计指引与企事业单位管理会计实务之间架设桥梁，既要总结普遍规律，加以推广应用，又要根据不同情况，从实际出发，有计划、分情况地稳妥实施，解决实务当中的问题，加强管理会计指引的可操作性和应用落地，促进管理会计工作的实践推广。

管理会计方法体系是从管理会计实践中总结出来的，用来充分发挥管理会计的职能、作用，进而实现管理会计的目标。根据管理会计的职能和内容，这套方法体系由以下两大类构成。一类是会计规划方法。会计规划方法是指管理会计为企业管理者规划企业未来的生产经营活动而服务的一系列方法。大体上可以分为预测分析方法、决策分析方法和预算编制方法。另一类是会计控制方法。其是指管理会计为企业管理者分析、评价和控制企业过去、现在与未来的生产经营活动服务的一系列方法，主要包括成本控制法和责任会计方法。

2. 管理会计人才队伍建设

随着企业对于内部管理和决策支持的需求不断增加，管理会计在企业中的地位和作用越来越重要。然而，目前我国管理会计人才的数量和质量还不能满足市场的需求。据统计，我国管理会计人才的缺口高达数百万，其中高级管理会计人才更是供不应求。随着企业规模的不断扩大和市场竞争的加剧，这一缺口还在不断扩大。近年来，财政部大力推进管理会计体系建设，高素质的管理会计人员是企业升级转型的重要支撑。我国统筹大力推进管理会计人才建设，为新时代经济社会高质量发展提供有力支持。

一是加大管理会计人才培养力度。针对管理会计应用的需要，扩大具有管理会计技能的高端会计人才培养规模，完善高端会计人才的能力框架。二是在会计专业技术资格考试大纲中加大管理会计权重，将管理会计纳入相关资格考试和继续教育体系。三是提升信息技术应用及数据分析能力，加强管理会计高端人才培养。四是强化管理会计课程体系和师资队伍建设，鼓励高校开展校企合作，推动管理会计理论和实践的发展。五是注重管理会计人才综合能力的培养。管理会计人员不仅需要"懂财务、懂业务、会管理"，而且要具备一定的数字技术应用能力，同时还需要拥有过硬的专业能力和良好的职业素养。其中，专业能力包含成本管控、财务管理、报表分析、纳税筹划、财务软件应用等；管理能力涵盖领导决策，过程管理，社会责任，治理、风险、合规及其他管理核心能力等；职业道德是指管理会计从业人员在履行其职责时必须遵循的规范，包括思想品质、职业能力、勤勉尽责、诚信为本、廉洁守法等。

3. 深化管理会计应用举措

根据国家"十四五"规划和2035年远景目标纲要，将"加快数字化发展、建设数字中国"作为重要指导方针。大数据时代，企业如何应用管理会计创造财务价值？应以财政部大力推进管理会计建设为背景，以2021年《会计改革与发展"十四五"规划纲要》为引领，为加强新时代管理会计人才队伍建设、为高质量发展提供有力支撑。纲要中指出，"推动会计职能对内拓展要加强对企业管理会计应用的政策指导、经验总结和应用推广，推进管理会计在加速完善中国特色现代企业制度、促进企业有效实施经营战略、提高管理水平和经济效益等方面发挥积极作用"。

一是结合我国管理会计理论与实践经验，大力推动管理会计应用。不断完善管理会计应用指引，深入推进管理会计理论探索、大力推动管理会计方法创新，以数字化技术赋能管理会计的推广应用，全面强化管理会计体系建设质量。二是持续建设并完善管理会计案例库。拓展管理会计工具和方法的使用范围，将管理会计工具在企业实践中的成功经验和有效做法总结提炼为典型案例，助力企业的管理提升和价值创造，形成可复制、可操作的管理会计应用模式。三是完善管理会计的信息系统架构。鼓励企业优化管理会计信息系统建设，推动会计职能从核算型向管理型拓展。以管理会计理念和技术方法为基础，以互联网、人工智能、大数据等新技术为支撑，整合财务和非财务信息，实现财务与业务的有机融合，为推动管理会计应用提供有力支撑。

（三）管理会计人才培养目标

高等职业教育人才培养，通常是指高等职业院校通过教育教学对高素质应用型技术技能人才的培养。对于高职院校来说，人才培养主要致力于产出高水平的技能人才。一方面，要求所培养人才的专业技能标准且熟练，习得职业技能、专业能力和综合素养，这是人才输出的根本目的；另一方面，中国制造 2025 对人才培养质量提出了新的期待，高质量的技术技能人才成为推动"中国制造"向"中国质造"和"中国智造"转变的有力支撑。

1. 学习能力与专业能力

观察个人对新知识的吸收速度、掌握程度以及在不同环境和任务中的适应能力。这可以通过考察他们的学习记录和成绩、参与培训项目的表现等方式来评估。这包括特定领域或专业的核心知识、技能和技术能力等。人才应该掌握必要的理论知识，并能够将其应用于实际问题中，同时还需要具备相关的技术能力和实践经验，以应对日益复杂和多变的工作环境。评估个人是否能够设定明确的目标，可以通过查看工作计划、进度报告以及目标达成情况来判断。

2. 创新思维与应用能力

人才培养要求个体具备独立思考、分析问题和解决问题的能力。他们应该能够批判性地评估信息，发现问题并提出创新的解决方案。这种能力对于适应快速变化的社会和工作环境至关重要。评估个人在面对挑战和问题时是否能够提出新颖、有效的解决方案，可以通过分析他们的工作成果、参与的创新项目以及解决问题的案例来判断。

3. 沟通协作与发展能力

考察个人在团队中的沟通能力、合作精神以及领导能力。这可以通过观察他们在团队项目中的表现、听取同事和上级的评价等方式来评估。有效的沟通是团队合作和项目成功的关键。因此，人才培养需要注重培养个体的口头和书面表达能力，使他们能够清晰地表达观点、听取他人意见并有效地与他人合作。观察个人在面对变化、压力和挑战时的反应及应对能力。这可以通过了解他们过去在逆境中的表现、询问他们应对压力的方法等方式来评估。应综合考虑多个方面的指标，避免过于依赖单一因素。结合个人的职业规划和组织的发展需求来评估潜力。要给予个人充分的机会和时间来展示和发展自己的潜力，保持开放和公正的态度，避免主观偏见和歧视。

（四）管理会计人才培养框架

1. 管理会计人才培养因素

本书通过文献、问卷调查以及访谈等方法，在高质量发展背景下，调研企业对技术技能型人才的需求，分析人才供给需求态势，厘清职业教育高质量技术技能型人才培养的现状并加以分析。通过调研发现，智能制造业以及重点优势产业等对高素质应用型技术技能型人才的需求量非常大。从需求数量来看，以各类工程师、研发人才、技术专家为主，对财务人才的需求量也比较大。在影响因素方面，一是从宏观层面来看，有国家政府相关体制机制；二是从中观层面来看，有行业企业对人才的需求；三是从微观层面来看，有学校"双师型"教师队伍建设力度、专业建设、产教融合、就业创业和社会服务等。

2. 管理会计人才培养途径

职业教育是培养高素质实用型及技术技能型人才的重要途径之一，要对"为谁培养人才""培养什么人才""怎样培养人才"不断进行探索。人才培养要在坚定理想信念、厚植爱国情怀、加强品德修养、增长知识见识、培养奋斗精神、增强综合素质等方面着手和发力。培养人才主要可以通过以下途径：一是建立健全学校体制机制，创新人才培养的方法；二是加强"双师型"教师队伍建设，提升整体师资水平；三是深化学科专业建设，突出专业特色与优势；四是深化产教融合，促进校企合作办学；五是优化就业、创业和社会服务，提升职业院校人才的竞争力。

3. 管理会计人才培养框架

管理会计人才培养的框架主要从以下几个角度进行探讨。一是社会需求与职业定位。首先应深入洞察社会对管理会计专业人才的需求，从而培育出既掌握坚实管理会计理论，又具备广泛数字技术，同时还恪守职业道德的高素质应用型管理会计人才。二是能力培养与差异性。管理会计人才的能力培养应涵盖专业技能、管理技巧、沟通技巧等多个维度，设计差异化的培养计划和课程体系。三是制定资格认证体系与评价标准。制定统一的认证标准和考试制度，确保管理会计人才具备相应的专业素养和综合能力。认证体系也为用人单位提供了客观、公正的人才评价标准，有助于其精准选拔管理会计人才。四是校企合作与实践教学模式的构建。实践教学可以帮助学生深入理解和掌握管理会计的理论和方法，并提升实际操作能力和问题解决能力。五是持续学习与发展路径。管理会计是一个持续发展的领域，新的理念和方法不断涌现。因此，建立持续学习机制对于管理会计人才的长远发展至关重要。学校和企业应提供持续学习的机会和资源，例如举办培训班、研讨会等，帮助管理会计人才不断更新知识体系并保持与行业发展同步。同时，还应关注毕业生的职业发展路径和职场晋升机会，为其提供良好的发展空间和就业平台。

第二节　研究意义

一、财务会计向管理会计转型趋势性

（一）经济社会发展

1. 角色与职责重塑

随着企业内部管理理念和方法的不断创新，财务人员在企业中的角色和职责也

在发生深刻的变化。财务会计主要关注历史数据的记录和报告，而管理会计则更侧重于利用财务信息来指导未来、优化决策和控制运营风险。企业中的管理会计人员不单单是记录和报告财务数据的"账房先生"，而是逐渐转变为参与企业战略制定、提供决策支持、监控运营风险以及创造价值的"合作伙伴"。这种角色重塑和管理会计理念的普及相互促进，加速了财务会计向管理会计转型的步伐。

2. 工具与方法更新

自动化与智能化技术的持续进步、大数据与预测分析的紧密结合、云计算技术带来的实时财务报告革新、现代工具与方法的更新以及业财一体化与跨部门协同工作的日益完善推动了财务会计向管理会计的重要转型。新兴技术为财务人员提供了强大的数据处理和分析工具，使财务人员能够更加积极地参与到企业的各个环节中，增强了其在企业决策支持中的重要作用。

3. 视野与环境拓宽

在经济全球化的背景下，企业的经营范围和市场环境日趋复杂多变。财务人员不仅需要关注企业自身的财务状况，还需要具备全球视野和跨文化沟通能力，能够应对外部经济环境的变化和挑战，从而进一步推动了财务会计向更具战略性和国际化的管理会计方向发展。

（二）信息时代推动

1. 信息技术发展

技术创新促进管理会计"数智化"转型，使其不断焕发新的生命力，尤其是信息技术在企业管理中的广泛应用，数据的收集、处理和分析方式已经发生了翻天覆地的变化。传统的财务会计侧重于事后记录和报告，而管理会计则能够实现财务数据的前瞻性预测、智能化分析和科学决策。信息技术的发展使得管理会计人员能够更深入地挖掘数据价值，实现业务、财务、税务及信息的融合一体化，从而加速了财务会计向管理会计转型的步伐。

2. 数字场景应用

大数据技术的迅猛发展为企业提供了处理海量财务数据和非财务数据的能力，为企业财务管理和管理会计提供了强有力的支撑。以"大数据+"影响财务活动的典型场景为载体，从业财数据出发、以大数据技术为立足点，支撑智能管理会计应用。将大数据技术应用于企业的管理会计工作，拓展数据来源、打破信息孤岛、推动数据共享，从中提取有价值的信息，出具了管理会计报表，提高了数据准确性，增强了企业财务管理水平。

3. 管理会计创新

管理会计的创新离不开新思维、新理论、新方法以及新工具的支撑。从整个国家层面上来看，无论是宏观还是微观，都迫切需要这些新的元素来推动管理会计未来的发展。管理会计的范畴涵盖了社会管理会计、宏观管理会计以及产业链管理会计等多个方面，这些领域都蕴藏着巨大的空间，有待进一步探索和挖掘。目前所使用的管理会计工具大多还是工业经济时代的产物，与当前的经济环境存在一定的差距。财政部已经颁布了34个管理会计工具，但还需要继续研发管理会计的工具，关注互联网领域中可以被应用于管理会计的新工具，不断进行改进和创新。

（三）内部管理需求

1. 精细化预测管理

从管理会计服务于企业内部管理的视角出发，精细化预测管理扮演着至关重要的角色。它涉及对未来经济走势的细致预测、周密规划以及灵活调控，旨在更好地满足企业内部的管理控制、决策制定等需求。管理会计人员需要运用前沿的方法和技术，对历史数据进行深入挖掘和分析，以揭示潜在的业务趋势和模式。这不仅要求他们对企业的外部环境如市场状况、竞争格局等有全面的认识，还需要对企业内部的各个环节如生产流程、销售策略、研发投入等有详尽的了解。精细化预测管理强调与管理层和其他部门的紧密沟通与协作，管理会计人员需要定期与管理层进行交流，对预测与实际结果的差异进行解释、反馈与调整。从而建立起一个全面、高效的数据采集、分析和报告体系。这个体系能够实时获取并整合企业内部的各项数据，并根据管理需求生成各类报告和分析结果，以支持企业的内部管理和决策分析。综上所述，运用管理会计工具能够有效地服务于企业的内部管理，而精细化的预测管理则是其中极具挑战性的一项任务。

2. 标准化运营管控

从管理会计服务内部管理需求的角度出发，标准化运营管控是提升企业内部运营效率、确保规范操作的核心手段。管理会计人员需要深入参与企业的运营管理流程，与业务部门形成紧密的工作协同，推进运营活动的标准化、流程化和制度化。这套标准化的管理体系不仅涵盖企业的常规业务操作，如采购、生产、销售等环节，还应涉及财务管理、人力资源管理以及风险管理等各个领域。为了有效实施标准化运营管控，首先应构建标准化运营管理体系。确保各项制度、流程和规范既符合企业的实际情况，又能与企业的战略目标保持高度一致。其次要建立标准化运营管理机制。确保各项运营活动都能严格遵循既定的流程和规范，同时对执行情况进行定期评估和审查，及时发现并纠正偏差。最后应优化标准化运营管理体系。吸收新的管理理念和方法，提升管理会计人员的专业素养和实践能力，更好地满足企业内部管理的需求，进而推动企业战略目标的顺利实现。

3. 数字化业绩考评

从管理会计为内部管理提供服务的方向出发，数字化业绩考评是一种新兴并且高效的管理会计工具。管理会计利用先进的信息技术和数据分析手段，对企业各部门及员工的业绩进行量化评估，从而为管理层提供更准确、及时的决策支持。相较于传统的考评方式而言，数字化业绩考评具有更为明显的优势。首先是能够实现考评过程的自动化和智能化，极大地提高了考评工作的效率；其次是能够深度挖掘和分析业绩数据，揭示出隐藏在背后的真实情况，为管理层提供更全面、深入的业绩洞察；最后是考评结果更加客观、公正，消除主观因素对考核结果的普遍影响，提升人才的公平感、满意度和归属感。在实施数字化业绩考评时，管理会计人员应积极地与业务和信息部门合作，构建适合企业特点的绩效考评系统，助力企业实现业绩考评的自动化、智能化和精准化，推动企业的持续、健康与稳定发展。

（四）国际趋势引领

1. 国际财务交流与合作

随着全球经济日益紧密相连，企业跨国运营和国际融资活动不断增多，管理会计在处理这些国际性业务时面临着前所未有的机遇和挑战。一是借鉴和吸收国外管理会计的理论和经验，推动我国管理会计理论与实务的国际化发展。二是探讨和解决公司在管理会计领域面临的共性问题，如财务报告编制、业绩评估、成本控制等，促进公司国际业务的稳健运营和持续发展。三是国际人才的交流与合作为管理会计人才的培养提供了更为广阔的舞台。积极推动国内外高层次管理会计人才开展交流和互动，对外展示我国管理会计的进步和成果，增强国际社会对我国管理会计实践的了解与认同，为管理会计人才队伍建设注入新鲜的活力，进一步推动管理会计的持续进步与创新。

2. 管理会计实践广泛传播

随着全球经济一体化的推进和信息技术的革新，不难发现，管理会计实践的传播正日益成为企业管理的核心议题。首先，管理会计国际趋势的引领，促进了管理会计理念和方法的全球共享，使得企业能够更便捷地借鉴和采纳管理会计的最佳实践。其次，管理会计实践的应用范围得到了拓展。管理会计逐步渗透到更多关键领域以及更加丰富的应用场景类型中，为企业实现更高效、更精准的资源配置提供了有力支持。此外，国际化趋势激发了企业管理会计实践中的本土化应用。在引入国际先进经验的同时，企业注重结合自身的实际情况和需求，对管理会计进行改造与创新，推动管理会计理论与实践的深度融合。最后，企业对于管理会计人才的培养提出了新的挑战和要求。企业需要具备国际视野、掌握前沿知识和技能的高素质人才，以便支撑其在未来的发展。综上所述，管理会计的实践将在更广泛的领域和更高层次上发挥重要作用。

二、管理会计工具与价值创造重要性

（一）管理会计工具方法

1. 管理会计工具类型特征

管理会计工具的类型特征主要包括以下几个方面：一是管理会计工具源于企业的实践活动经验，并在实践中不断改进和完善；二是管理会计工具与企业的管理流程和业务流程相融合，具有较强的可操作性；三是管理会计工具可以在不同的场景下使用，既可以单独使用，也可以组合使用，以满足企业不同的管理需求。这些工具可以应用于各种类型的企业信息管理和会计业务评价中，具有一般性、常规性和普遍性等共性特征。

《管理会计指引》中明确了管理会计的相关工具，其内容包括战略管理、预算管理、成本管理、投融资管理、绩效管理、风险管理、运营管理和其他领域共八大领域。基本指引为整体统领，应用指引为具体指导，案例库为示范补充。管理会计的工具方法是实现管理会计目标的具体手段，是企业应用管理会计时采用的战略地图、滚动预算管理、作业成本管理、本量利分析、平衡计分卡等模型、技术、流程的统称。管理会计的工具和方法具有开放性的特点，并能够随着实践发展而不断丰富与完善。

2. 管理会计工具应用领域

管理会计工具的适用领域涵盖了企业管理的各个方面，可以帮助企业提高管理效率、优化资源配置、增强市场竞争力等。管理会计的工具方法主要应用于以下领域：战略管理、预算管理、成本管理、运营管理、投融资管理、绩效管理、风险管理和管理会计报告。

战略管理领域应用的管理会计工具方法包括但不限于战略地图、价值链管理等。

预算管理领域应用的管理会计工具方法包括但不限于全面预算、滚动预算、零基预算、弹性预算、作业预算等。

成本管理领域应用的管理会计工具方法包括但不限于目标成本法、标准成本法、变动成本法、作业成本法等。

运营管理领域应用的管理会计工具方法包括但不限于本量利分析、敏感性分析、边际分析、内部转移定价、多维度盈利能力分析等。

投融资管理领域应用的管理会计工具方法包括但不限于贴现现金流法、项目管理、情景分析、约束资源优化、资本成本分析等。

绩效管理领域应用的管理会计工具方法包括但不限于关键指标法、经济增加值法、平衡计分卡等。

风险管理领域应用的管理会计工具方法包括但不限于风险矩阵、风险清单、风险矩阵模型等。

管理会计报告领域应用，应实现基于信息系统中财务数据、业务数据生成管理会计报告，支持企业有效实现各项管理会计活动。

3. 管理会计工具实践价值

管理会计是指企业中的会计人员运用财务会计提供的资料，通过一些特定的工具方法整合分析这些资料以达到提高企业经济效益的目的。作为财务领域的新兴学科，管理会计的工具方法能够为企业创造价值，有助于决策者做出更好的决策。以企业业务流程为基础，利用管理会计工具方法，将财务和业务等有机融合，从而推动经济转型升级、推动财务工作转型升级。

第一，管理会计能够提高企业的管理决策质量。管理会计能够有效收集企业在运营过程中需要用到的预算、执行、预测和实际发生的数据，经过系统化的方式进行加工处理后，为企业降本增效、科学运营提供充分的决策依据。这使得管理会计能够助力企业能够做出更加明智、准确的决策，从而提高了决策管理的质量。

第二，构建更加科学合理的企业绩效评价指标。发挥企业绩效管理的效用，提高管理会计在实施过程中的业绩评价效能。保障各项具体考核指标的合理性，激发员工的积极性，注重职工价值的实现，结合所处环境变化做出适当调整，为管理会计工作的开展创建良好氛围，有助于企业整体绩效的提升。

第三，有效识别、评估和管理企业的财务风险。首先，要健全企业财务风险管理制度。结合企业实际情况开展调研，制定与企业发展需求相符合的制度条例，充分发挥管理会计的作用。其次，借助管理会计工具及时识别各项财务风险，利用专业有效的风险评估手段及内部交流沟通机制。最后，提升企业运营效率，合理减少各项支出，达到提升管控水平的目的，有助于企业保持稳健运营，避免因风险事件导致的损失。

（二）管理会计主要作用

1. 管理会计职能与目标关联性

管理会计的职能是将财务数据和非财务信息编制成对决策有益的报表，为决策过程提供有效依据；利用管理会计信息来评价企业的综合财务状况，并给出决策咨询建议；通过比较历史和现在的财务成果，来分析盈利能力与盈利效果，为企业未来发展进行风险评估；能够为审计部门提供必要的信息，辅助审计人员完成核查工作。管理会计的职能作用，从单纯的财务核算扩展到将"解析过去、控制现在、筹划未来"结合起来，严密地进行数据分析，帮助管理层精准掌握企业运营状况，提高预测与决策的科学性。

管理会计的目标是帮助企业获得更高的收益、优化资本结构并控制经营风险；通过综合的分析、评价、报表等，为管理者提供决策依据，辅助管理者研究发展规划和投资决策等；协助企业设计风险防范措施，避免可能产生的财务风险，完善企业的风险控制；根据经营和管理活动改善财务报表，促进企业可持续发展、业务持续增长。

管理会计职能与管理会计目标具有关联性，管理会计的职能代表"能够做什么"，管理会计的目标明确"应该做什么"。职能是固有的本质属性，是客观存在的；而目标则是根据不同时期的客观需要，对财务工作提出的要求，属于主观性的。由此可见，管理会计的职能与目标，既相互关联，又具有一定的区别。管理会计的目标，其本质是管理会计职能的具象化，二者统一服务于现代企业会计的总体要求，满足企业经营管理和利益相关者的相关需求。

2. 管理会计对企业决策重要性

一是提供全面、准确的财务信息。管理会计通过收集、整理和分析企业的各种财务信息，为企业提供全面、准确的数据支持。这些信息不仅包括历史财务数据，还包括预测和计划数据，以及非财务信息。这使得企业能够更全面地了解自身的运营情况，为决策提供坚实的数据基础。管理会计是在实践中为适应管理的需要而产生的，并在具体运用中逐步完善。管理会计通过向管理者提供决策相关的会计信息，帮助管理者做出科学决策并实施有效管理。因此，管理会计必须时刻牢记并努力完成为管理者提供决策支持和促进管理精细化的使命。

二是帮助企业制定战略目标。企业当前所处的国际、国内市场竞争和外部环境正在发生深刻变化，不仅需要科学精细的日常管理，还需要有高瞻远瞩的战略眼光和战略思想，因此如何通过科学决策和有效管理来增强价值创造力已经成为企业一种迫切的内在需要。管理会计通过对企业内外部环境的分析，以及对竞争对手的研究，帮助企业制定战略目标。其可以帮助企业明确自身的竞争优势和劣势，从而制定出更加合理、可行的战略目标。

三是支持企业经营管理决策。管理会计通过优化企业的决策、资源配置、风险管理和绩效管理等方面，有助于实现企业的价值增长。随着信息技术的普遍使用和大数据时代的来临，日常繁杂的会计核算工作逐渐由系统自动处理，使更多的时间和精力投入改善业务流程、优化战略、提高产品质量、降低生产成本、增强风险防控能力和可持续发展能力等方面。充分发挥管理会计在价值创造、决策分析和绩效考核等领域的作用，使得管理会计成为企业决策过程中不可或缺的重要工具。

3. 管理会计和财务会计的区别性

管理会计与财务会计在企业中各自承担着独特的角色，他们的区别主要体现在以下几个方面。

第一，工作目标和侧重点不同。财务会计旨在确保外部财务报告的准确性和合规性，满足外部用户的需求；而管理会计的主要目标是为企业内部管理层提供决策支持和战略规划，通过深入分析和评估财务数据，帮助企业做出明智的决策。

第二，报告方式和聚焦点不同。财务会计的报告遵循会计准则和制度，相对标准化且规范化；而管理会计的报告则更具灵活性，可根据特定需求定制，更注重对于未来的预测和规划，通过对未来经济活动的分析和预测，帮助企业制定战略和计划。

第三，工具方法和技术性不同。财务会计更注重报表的编制和审计，通常会使用到财务软件和数据库进行账务处理；而管理会计在工作中会使用更多的分析工具和技术，以支持企业的决策和分析工作。

第四，服务对象和场景的不同。财务会计的服务对象主要是满足外部利益相关者对企业财务状况和经营成果的了解和评估需求；而管理会计的服务对象则是企业内部的管理层和员工，提供的信息旨在支持企业的内部管理和决策。通常，管理会计在应用场景及应用领域方面更加多元化，其灵活性也相对更强。

（三）风险管理与内部控制

1. 合理分配企业资源

在充满不确定性的现代商业环境中，管理会计工具在如何高效、合理地分配企业资源方面发挥着举足轻重的作用。运用一系列管理会计工具，能够优化资源配置，确保资源流向最具增值潜力的领域，推动企业持续发展。管理会计通过建立和完善风险识别、评估及监控机制，帮助企业有效应对风险与挑战，更加科学、合理地利用资源。具体而言，一是数据驱动合理配置资源，根据市场变化和企业内部状况及时调整策略；二是遵循风险与收益匹配原则，避免因追求短期利益而忽视潜在风险；三是强化内部控制与合规管理，符合法律法规的制度要求，发挥管理会计作用、精准把握市场机遇、有效应对风险挑战，从而实现企业持续稳健的发展。

2. 发现应对经营风险

管理会计的工具和方法的使用，在发现经营风险和内部控制缺陷等方面发挥着不可或缺的作用。首先，通过分析企业的历史财务数据、市场趋势和行业动态，揭示出企业在财务状况和经营成果中的异常变化和潜在风险。这些变化可能预示着市场需求的变化、竞争对手的策略调整或企业内部运营效率的下降等。其次，通过综合考虑多种风险因素和变量，建立管理会计风险评估模型，对企业各项经济活动进行评估，帮助企业识别、量化和监控经营风险。最后，管理会计致力于构建健全有效的内部控制体系。通过实施内部审计和财务检查程序，例如对财务报表、交易记录、合规文件等进行审查和测试，从而准确地发现操作错误或违规行为。管理会计能够帮助企业及时发现并应对经营风险，纠正存在的问题，并提高运营的效率，以确保其能够稳健运营与持续创造价值。

3. 提高抗风险的能力

管理会计通过精准预测、成本管控、风险评估等方式，有效帮助企业提高抗风险的能力。首先，策划应对措施，进行精准预测。管理会计中的预算制定和预测工具，综合了市场趋势、竞争格局以及企业战略等多元因素，为企业描绘出未来经营情况的视图，让企业能够预先感知潜在风险、制定应对措施，确保业务的延续性。其次，优化调整企业资源，开展成本管控。管理会计通过采用诸如标准成本法、作业成本法等工具，精细化地剖析成本构成及驱动因素，有助于企业更有效地调配资源，减少浪费。最后，风险评估与绩效激励相契合。管理会计将风险管理成果纳入绩效考评体系，通过设置综合性的风险评估、合理的绩效考评指标等，激发员工主动识别和管理风险的积极性，确保各项运营活动的规范性和合法性，提升企业整体的抗风险能力。

（四）业财融合创新与发展

1. 创新财务工作思路

基于业财融合背景下，创新管理会计工作的思路，主要可以从以下几个方面展开。一是业财信息系统的深度整合与流程优化。加大对财务共享中心的建设投入，并将业财融合的理念深入企业的日常运营中，实现财务系统与采购、生产、销售等核心业务流程的全面互通。二是业财价值链的精益管理与经营改善。通过实施全员参与、全要素覆盖、全过程管理和全价值链优化的精益管理策略，构建成本管理、运营管理和项目管理等在内的综合数据模型，有助于为业务部门提供更加精准和高效的决策支持。三是内外财务系统的信息互联与协同共享。积极地与企业内外部利益相关人员以及相关机构等建立信息对接和互联互通，提升财务系统的开放性、交互性和实时性，从资源协同、技术协同、利益协同和协同管理等多个层面，提高企业应对市场变化的响应速度与服务质量。

2. 推动大数据应用

大数据技术的兴起使得人们能够运用管理会计工具，更好地处理和分析庞大的数据集，从而发现模式、预测趋势、提升效果，为决策提供了更有力的支持。基于大数据的时代背景，管理会计人才需求的变化促使教育数字化转型成为经济社会高质量发展的首要任务。深化"三教"改革是实现教育数字化转型的有力保障，通过全面和系统的教师、教材和教法改革，促进教育链、人才链与产业链、创新链的有效衔接。推动高等职业教育在大数据时代的转型，为全面建设社会主义现代化国家培养一批产业急需、技艺高超和具备良好职业素养的高素质应用型技术技能型人才。随着大数据的广泛应用，隐私和安全问题成为新时代的重大挑战。因此，制定和加强相关的法规和政策，同时推动技术创新以保障信息安全变得尤为重要。

3. 优化企业管理理念

首先，促进全员参与和部门协同。企业可以通过培训提升员工对管理会计的理解和参与，倡导所有员工树立成本意识和效益观念。同时，建立跨部门的沟通与合作机制，确保财务与生产、销售、研发等部门能够紧密配合。其次，强调流程优化与动态考评。运用管理会计工具，对生产流程进行实时监控、动态调整和及时纠正。同时，建立多维度的绩效评价体系，结合财务指标与非财务指标，全面、客观地对企业进行综合评价。最后，加强风险防控与内部控制。企业应将风险管理与日常运营紧密结合，运用管理会计的风险评估工具，及时发现潜在风险并制定应对措施。同时，加强内部控制体系的建设，企业能够更全面地了解自身的经营状况和发展趋势，为未来的战略规划和决策制定提供支持。

三、管理会计人才培养与产业发展耦合性

（一）高职院校管理会计人才培养新变革

1. 人才培养与产业发展协同

高职院校对于管理会计人才的培养，应该与区域产业发展保持高度一致性，以满足企业发展对人才的需求，促进社会经济的稳步发展。首先，高职院校需要开展深入调研，分析产业的发展动态和人才需求。可以采用实地调研、问卷调查、企业专访、行业研究等多种方式，了解企业对管理会计人才的期望，从而为人才培养提供精准的方向。其次，高职院校应根据区域发展特点，对管理会计人才培养方案进行调整。增加与区域产业紧密相关的课程内容设计，注重将理论知识与实践操作相结合，同时采用多元化的教学手段，如案例教学、虚拟仿真、实训演练等，提高学生的实际应用能力和解决问题的能力。最后，建立健全的人才培养质量评估体系。通过定期跟踪调查毕业生、收集企业反馈意见等方式，全面了解人才培养成效、企业认可度和社会关注度，培养出更多适应区域产业发展需求的高素质管理会计人才，为推动产业经济的持续健康发展注入强大动力。

2. 就业面向与适应能力匹配

高职院校在管理会计人才培养上，亟需实现学生就业面向与就业适应能力的有效对接。这种对接对于优化人才供给结构、增强毕业生职场竞争力具有举足轻重的作用。一是高职院校必须具有前瞻性，能够敏锐地捕捉产业特征和就业趋势。精准把握管理会计领域的人才需求和未来发展方向，确保毕业生具备与市场需求相契合的专业素养和实践能力。二是高职院校应注重培育学生的创新创业能力。着重提升学生的业财融合能力、创新思维和数字素养等，通过实习实践、企业项目合作等多元化途径，为学生提供真实的职业场景体验，助力毕业生在职场环境中迅速适应并

脱颖而出。三是高职院校应积极构建与产业界的紧密互动机制。实时了解企业的用人标准和期望，进而针对性地完善人才培养体系，这种产教融合的模式将有效提升学生的就业面向匹配度和职场竞争力。

3. 产教融合与校企协同育人

高职院校管理会计人才的培养，从与产业的紧密程度出发，应注重深化产教融合，推进校企协同育人，并积极与企业建立合作关系。实践是检验理论知识的最佳途径，通过建设校企合作项目、实习实训基地，以及产学研结合等方式，"政行企校"四方协同开展管理会计人才的培养。不仅可以确保学生在学习过程中能够接触到真实的管理会计岗位，同时也能够使得实践环节紧密对接企业需求。开展产教融合与校企协同育人，能够促进高职院校"三教"改革。结合企业实际案例，共同研发管理会计课程与教材。培育"双师"型教师，鼓励教师深入企业一线，邀请企业专家开展第二课堂活动，促进校企资源的共建共享。因此，高职院校应以市场需求为导向、以实践能力为目标，校企协同培育既懂理论又善实践的管理会计人才。

（二）数字化对管理会计人才培养新要求

1. 企业数字化转型"破局"

企业在数字化转型过程中要实现"破局"，需要从提升数据价值创造能力、增强数字技术应用、培养创新思维和跨界合作人才等方面入手。通过这些措施的实施，企业可以培养出一批适应数字化时代需求的高素质管理会计人才，为企业的可持续发展提供有力的人才保障。从海量数据中提炼有价值的信息，为企业的战略发展提供决策支持，是管理会计赋能企业价值创造的核心。随着信息技术的快速发展，企业需要鼓励管理会计人才积极学习新技术，并将其应用于实际工作中。因此，企业要加强对财务人员的技能培训，在实践中不断提升新技术应用能力，从而更加熟练地运用管理会计工具和方法。

2. 数字化人才培养"引领"

在现如今科技快速发展、竞争日益加剧的新时代背景下，推进教育数字化转型、培育数字化人才是大势所趋、发展所需，也是开辟教育发展新赛道和塑造教育发展新优势的突破口。首先，数字化人才培养的理念引领了技术变革。企业更加注重数据的价值，运用数据驱动决策。因此，需要构建完善的培训体系，引导员工学习新技术。例如制订培训计划、开发培训课程、提供实践机会和建立反馈机制等。其次，数字化人才培养的要求重构了人才能力。数字化人才具备跨界合作的知识和技能，能够更好地与其他部门、行业探索新的发展路径。最后，数字化人才培养的实践加速了转型步伐。数字化人才培养更加注重能力的培养和素质的提升。应该进一步推动人才培养模式的创新，加大数字化人才培养的力度，为企业的发展提供有力的人才保障。

3. 数字技术促价值"创新"

数字技术不仅是经济社会发展的引领力量，还是教育高质量发展的重要抓手。教育数字化实际上是向教育数智化转型的过程，核心是通过数字技术驱动、赋能当前的教育教学系统性变革。一是数字技术为管理会计注入了新的活力。借助大数据技术，管理会计能够深入挖掘并分析海量数据，从而洞察企业的业务趋势和规律。由数据驱动的管理会计决策更加精准和科学，能够为企业带来更大的价值。二是数字技术为学生智慧成长赋能。实现优质教育资源更加均衡覆盖，打造多样化智慧学习环境，实现课堂教学深层次变革。三是数字技术为业务流程的再造创新。通过数字化技术的应用，实现业务的数字化转型与升级，提升企业的运营效率、拓展企业新的发展空间和增长点。

（三）数智赋能管理会计人才培养新能力

1. 链接应用场景，助力价值创造

管理会计人才培养的新能力需要与实际应用场景紧密结合，通过数据分析、技术应用、跨界合作以及持续学习和创新等方式，助力企业实现价值创造和可持续发展。管理会计的应用场景具有多样性和广泛性，其应用场景涵盖了战略管理、成本管控、运营管理、投融资管理、绩效考评、风险管理等，为企业的决策提供支撑。随着数字时代的到来，管理会计的应用场景还在不断拓展。管理会计可以助力企业实现精准的数据分析、科学的决策支持、高效的运营管理、可控的风险管理等，从而为企业的价值创造和持续发展打下坚实的基础，推动企业的持续发展。

2. 培育转型动能，实现人才先行

从数智技术赋能管理会计人才培养的视角来看，培育转型的动力，实现人才的引领地位显得尤为关键。企业应将人才视为最宝贵的资源，构建多层次的人才培养框架体系。通过多种途径加大对人才的培养和引进力度，塑造一支具备预测、决策、管理、分析和考评等能力的高素质、专业化、应用型的管理会计人才队伍。积极挖掘和培育转型的内驱力，鼓励财务人员主动学习新技术、新规范、新知识、新方法，争做企业数字化转型的引领者和实践者，在实践中积累经验，提升人才为企业创造价值的能力和素养。同时对接企业的业务需求，探索新的管理模式和方法，培养出一批具备新能力、适应新时代需求的管理会计人才队伍，推动企业持续发展和创新。

3. 强化信息安全，构建保障机制

随着技术的不断进步和市场的不断变化，信息安全领域不断涌现出新的机遇和挑战，强化信息安全和构建保障机制显得至关重要。一是充分认识信息安全的重要性。制定信息安全的规范制度和保障机制，掌握防范信息风险的基本技能。二是引

进先进的技术，确保信息的安全性。例如使用加密技术、防火墙技术等手段，并通过跨部门、跨领域的合作，形成强大的合力，共筑安全屏障。三是保持不断学习的态度，更新信息安全防护知识。了解最新的安全威胁和攻击手段，探索和创新信息安全保障方法和技术，提升企业的事件应对能力和安全保障水平，为企业的稳健运营提供有效保障。

第二章　国内外管理会计发展的历史沿革

第一节　我国管理会计的理论与实践

一、管理会计概念

自改革开放以来，特别是社会主义市场经济体制逐步确立以来，我国会计工作始终紧密围绕经济财政大局，服务于国家发展，取得了显著的会计改革与发展成果。然而，在这一过程中，管理会计的发展步伐相对较慢，亟待进一步深化改革，加大对管理会计工作的重视和投入。与此同时，党的十八届三中全会为全面深化改革指明了方向，其中建立现代财政制度、推进国家治理体系和治理能力现代化成为财政改革的重要目标。对于企业而言，完善现代企业制度、提升价值创造力是其持续发展的内在动力；对于行政事业单位来说，推进预算绩效管理、建立法人治理结构是提升其运营效率的内在要求。因此，面对当前的发展形势和需求，财政部门应当顺应时代潮流，把握发展机遇，积极推动管理会计的发展。通过加强管理会计的理论研究与实践应用，提升管理会计在企业和行政事业单位中的普及程度和应用水平，为我国经济的持续健康发展提供有力保障。

为全面提升会计工作总体水平，推动经济更有效率、更加公平、更可持续发展，财政部于2014年10月印发了《关于全面推进管理会计体系建设的指导意见》（以下简称《指导意见》），明确提出了全面推进管理会计体系建设的指导思想、基本原则、主要目标、主要任务和措施及工作要求，为我国管理会计发展规划了蓝图、指明了方向。财政部在《指导意见》中，为管理会计下了定义：管理会计是会计的重要分支，主要服务于单位（包括企业和行政事业单位，下同）内部管理需要，是通过利用相关信息，有机融合财务与业务活动，在单位规划、决策控制和评价等方面发挥重要作用的管理活动。

根据《会计改革与发展"十四五"规划纲要》，推动会计职能对内拓展要加强对企业管理会计应用的政策指导、经验总结和应用推广，推进管理会计在加速完善中国特色现代企业制度、促进企业有效实施经营战略、提高管理水平和经济效益等方面发挥积极作用。进一步深化管理会计应用的指导意见，聚焦管理会计应用，深入推进管理会计理论创新，推广管理会计应用方法，加强管理会计人才队伍建设，提升面向管理会计的信息系统建设水平，以管理会计人才建设为依托，统筹推进管理会计各项建设，为新时代我国经济社会高质量发展提供有力支持。

二、管理会计理论在我国的发展

（一）宣传介绍阶段

我国从20世纪70年代末开始学习和引进有关管理会计的理论，管理会计理论研究者们积极投身于教材的翻译与编译工作，取得了显著的进展。1979年，机械工业部率先行动，成功翻译并出版了《管理会计》，为我国管理会计领域的研究与实践提供了宝贵的参考资料。随后，在1982年，国家有关部门委托国内知名专家、教授编写了两部专为财经院校教学所用的《管理会计》教材，这两部教材的面世，极大地丰富了我国管理会计的教学资源，有助于培养更多具备管理会计知识的人才。此后，管理会计的普及工作逐步深入。大量关于管理会计的普及读物相继问世，为广大读者提供了了解管理会计的便捷途径。同时，财政部与国家教委也积极采取措施，在厦门大学、上海财经大学和大连工学院等高校举办全国性的管理会计师资格培训班及相关讲座，通过系统的培训和讲解，进一步推广了管理会计的理念和方法，提升了我国管理会计的整体应用水平。这段时期，我国会计理论研究者的不懈努力和辛勤付出，为我国管理会计领域的发展注入了新的活力，为我国经济的持续健康发展提供了有力的会计支持。

（二）吸收消化阶段

1983年前后，我国会计学界掀起了一股学习、应用管理会计的热潮，致力于构建具有中国特色的管理会计体系。在此期间，国内众多会计工作者积极参与"洋为中用，吸收消化管理会计"的活动，部分单位成功运用管理会计的方法解决了一些实际问题，初步取得了积极的成果。然而，受限于当时我国经济体制改革的诸多措施尚未完善，特别是财务会计管理体制仍沿袭计划经济模式，管理会计的中国化进程在后期遭遇了重大挑战。这一挑战导致管理会计的发展出现了停滞，甚至有人开始质疑，提出了"管理会计在中国是否适用？"的一系列相关问题。

（三）改革创新阶段

自党中央明确发展我国社会主义市场经济的方针，特别是1993年财务会计管理体制发生深刻变革以来，我国的管理会计开始与国际规范对接，管理会计迎来了新的发展机遇。迅速掌握能够适应市场经济需求的经济管理知识，借鉴国际先进经验指导新形势下的会计工作，不仅是会计工作者们的迫切需求，而且成为他们的自觉追求。在社会主义市场经济的大背景下，现代企业制度的不断完善和宏观会计管理机制的革新，为管理会计提供了广阔的发展空间。当前，管理会计方向的专家和学者们不再满足于简单地模仿外国理论，而是立足于我国国情，通过深入研究管理会计在我国企业应用的实例，积极探索符合中国实际的"中国式管理会计发展道路"，从而加强企业内部管理、提升经济效益。自此以来，我国管理会计正式步入了改革创新和持续优化的新阶段。

（四）全面推进阶段

管理会计在我国得到了全面推进，相关理论研究与推广进入了黄金期。党的十八届三中全会对全面深化改革做出了总体部署，在会计领域贯彻落实全面深化改革要求，非常重要的一项内容就是要大力加强管理会计工作，强化管理会计应用。财政部作为国家的会计主管部门，为此做了大量工作，并取得了丰硕成果。

2012年2月召开的全国会计管理工作会议提出了建设"会计强国"的宏伟目标。2013年《企业产品成本核算制度》的发布，拉开了管理会计体系建设的序幕。2014年1月，根据《会计改革与发展"十二五"规划纲要》，并在总结我国管理会计理论发展与实践经验的基础上，2014年10月财政部印发了《关于全面推进管理会计体系建设的指导意见》。2016年6月，公开选聘管理会计咨询专家，为指导单位管理会计实践应用和加强管理会计体系建设，制定发布《管理会计基本指引》的任务被纳入财政部《会计司2016年工作要点》，该指引于2016年6月正式发布。2016年10月，财政部制定发布《会计改革与发展"十三五"规划纲要》，明确了推进管理会计广泛应用的三大具体任务：一是加强管理会计指引体系建设；二是推进管理会计广泛应用；三是提升会计工作管理效能，并确立了"2018年底前基本形成以管理会计基本指引为统领、以管理会计应用指引为具体指导、以管理会计案例示范为补充的管理会计指引体系"的目标。2021年11月，财政部印发《会计改革与发展"十四五"规划纲要》，提出了"人才队伍结构持续优化"的总体目标和"培养造就高水平会计人才队伍"的主要任务，主动适应我国经济社会发展客观需要，推动管理会计标准体系建设，提升管理会计人员素质，实现会计法治化、数字化进程，更好地服务于我国经济社会发展大局和财政管理工作全局。

（五）战略性管理阶段

随着全球化和市场经济的深入发展，我国管理会计进入了战略性管理会计阶段。在这一阶段，管理会计学者开始研究如何使管理会计能够适应战略管理的需要，为企业战略管理提供适当的信息和有效的控制手段。同时，随着信息技术的进步，管理会计的工具和方法也得到了不断更新和完善，如全面预算管理和平衡记分卡等先进工具开始引入中国。随着网络信息技术的飞速发展和各种先进管理思想的诞生及应用，管理会计的对象也发生着变革，由传统管理会计下的现金流向战略管理会计下的价值流发展。传统管理会计的对象是现金流，强调现金流入、流出预算能否完成并向上一级负责；战略管理会计的对象是价值流，强调顾客是否满意，关注价值贡献与价值流的横向联系。企业的价值流是一个战略实施的基本责任单位，强调顾客至上和为企业创造价值的原则。每一个价值流都有自身的起点和终点、输入和输出，可以用效用值来描述价值流的输入和输出。价值流强调的是为顾客提供满意的产品或服务，但从实现企业价值最大化来看，价值流的效用值控制还是要考虑以货币计量的成本和贡献，因而，企业战略规划目标可以通过将价值流分解成子目标来实现。

管理会计学是管理科学和会计科学相结合的产物。它的形成和发展是会计发展史上一座重要的里程碑。现代管理会计从传统会计系统中分化出来，成为与财务会计并列共生而又相对独立的新兴交叉学科，其既是社会经济环境变迁的产物，又是多种经济思想与管理方法相互借鉴、发展推动的结果。从社会经济环境变化的过程中可以发现，市场需求推动了技术创新，技术创新又推动了企业制度创新。由此可见，需求变化、技术创新和企业制度创新之间的互动关系及其结果，构成了管理会计产生与发展的基本脉络。未来我国管理会计还需要在结合国情和企业实际的基础上，加强规范和准则的建设，推进理论体系研究，加强人才培养和信息化系统建设，以更好地服务于经济发展和企业管理。

三、管理会计实践在我国的发展

虽然管理会计理论在我国引入的时间相对较晚，但相关实践活动早已有迹可循，并涌现出众多成功的探索和有益的尝试。举例来说，新中国成立初期，我们便开始尝试以成本为核心的内部责任会计，包括班组核算、经济活动分析和资金成本归口分级管理等措施。这些实践举措不仅提升了企业内部管理的精细度和效率，同时也为企业节约成本、提升经济效益打下了坚实的基础。

20世纪70年代末至80年代末，随着改革开放的不断深入，企业内部经济责任制逐渐兴起。在这一背景下，我们逐步构建起了以企业内部经济责任制为核心的责任会计体系，进一步明确了企业内部各部门的经济责任和权益，极大地激发了企业的内在活力。到了90年代，随着市场经济的蓬勃发展，管理会计实践的内容也变得更加丰富和深入。我们开始关注成本性态分析、盈亏临界点与本量利之间的依存关系，以及经营决策经济效益的分析评价等方面。这些实践内容不仅提升了企业决策的科学性和准确性，还为企业的长远发展提供了有力支撑。

此外，一些具有前瞻性的企业还根据自身特点进行了管理会计的创新实践。例如，河北邯郸钢铁公司实行的"模拟市场，成本否决"制度，通过模拟市场运作来严格控制成本，有效提升了企业的市场竞争力。而宝钢集团则从1993年开始推行标准成本制度，通过制定和执行标准成本来优化成本管理，进一步提高了企业的经济效益。这些实践内容不仅充分展示了我国企业在管理会计应用上的积极探索和有益尝试，而且为其他企业提供了宝贵的经验和借鉴。随着经济的不断发展和市场的不断变化，相信未来我国管理会计实践还将取得更多的创新和突破。

当前，我国企业在管理实践中正逐步引入并应用一系列管理会计工具，这些工具涵盖了全面预算管理、平衡计分卡等绩效评价方法，以及作业成本法、标准成本法等成本管理方法。随着这些工具的应用，企业对管理会计的认识和应用水平不断提升。例如，国家开发银行、中国电信、北汽福田、三一重工等企业已设立专门的管理会计机构或岗位，致力于推进管理会计工作，取得了显著成效。同时，管理会计在行政事业单位的预算编制、执行、决算分析等环节也发挥着越来越重要的作用。

回顾管理会计的发展历程，可以观察到几个关键趋势。首先，管理会计的产生与发展始终与会计学科的进步紧密相连，两者相互促进、共同发展。其次，随着信息技术的迅猛发展，管理会计得以更加高效地收集、处理和分析数据，从而推动了其不断完善和进步。最后，现代管理科学理论也为管理会计的形成与发展提供了有力支持，为其提供了科学的理论框架和方法论指导。

展望未来，随着全球经济一体化的深入发展和市场竞争的日益激烈，管理会计将在企业管理和决策中发挥更加重要的作用。因此，我们需要继续加强管理会计的理论研究和实践探索，不断推动其创新与发展，以更好地服务于企业的战略目标和可持续发展。

四、管理会计体系

（一）管理会计指引体系

管理会计指引体系在会计领域中不可替代，发挥着多重关键作用。首先，该体系为管理会计的实践提供了坚实的理论基础和明确的操作指南。其详细阐述了管理会计的核心原则、方法和技术，帮助企业将管理会计的理念融入日常运营，进而提升管理效能和决策水平。其次，管理会计指引体系有助于企业发现并解决其在财务管理方面存在的短板。通过深入分析财务数据和业务流程，企业能够更准确地识别自身在管理会计应用上的不足，从而有针对性地加以改进。再次，该体系还推动了企业会计理论的不断创新与发展。通过对管理会计实践的总结和提炼，为企业提供了丰富的案例和经验，有助于企业更好地运用会计理论解决实际问题。最后，管理会计指引体系在优化和完善管理会计系统方面发挥着关键作用。它帮助企业全面审视现有的管理会计系统，发现潜在的问题和不足，并提供改进方向和措施，确保企业的管理会计系统能够持续有效地支持业务发展。

综上所述，管理会计指引体系在会计领域具有举足轻重的地位，不仅是企业提升管理水平的重要工具，还是推动会计理论发展和完善管理会计系统的关键力量。因此，企业应深入理解和应用管理会计指引体系，以更好地发挥其在财务管理中的积极作用。

（二）管理会计应用指引

在管理会计的指引体系中，应用指引发挥着关键的作用，它为单位的管理会计工作提供了具体而细致的指导。为确保其高度的科学性和实用性，应用指引的制订不仅以基本指引体系为核心，还紧密结合实践特点，力求实现理论与实践的无缝对接。这样的制定方式确保了应用指引既符合理论指导，又贴近实际操作，为管理会计工作的顺利开展提供了有力支持。

在应用指引的构建过程中，既注重其普遍适用性，也关注特殊行业的应用性。首先，提炼了一批通用性强、具备广泛指导意义的基本工具方法，如经济增加值（EVA）、本量利分析、平衡计分卡、作业成本法等，这些工具方法能够为大多数单位提供有效的管理会计支持。其次，针对某些在管理会计方面存在特殊需求的行业和部门，制定了专门的应用指引，以满足其独特的管理需求。再次，充分考虑到企业间的差异性，包括行业、规模、发展阶段等方面的不同，确保应用指引具备广泛的代表性和适用性。最后，兼顾了企业和行政事业单位的不同情况，使应用指引能够灵活适用于各类单位。

综上所述，应用指引是一个动态发展的体系，将随着实践的不断深化而逐步完善。在实施过程中，强调其指导性，鼓励各单位根据自身的管理特点和实践需求，灵活选择和应用相应的工具方法。财政部将在广泛收集意见的基础上，结合国内外先进的管理会计实践经验和有效做法，逐步发布一系列管理会计应用指引。按照先急后缓、先通用后特殊的原则，逐步推出成熟的应用指引，确保其及时性和有效性。持续优化和完善管理会计应用指引，以适应不断变化的管理需求，为单位的管理会计工作提供持续、有力的支持和指导。

（三）管理会计案例库

案例库是对管理会计经验的总结和提炼，是对如何运用管理会计应用指引的实例示范。建立管理会计案例库，为单位提供直观的参考借鉴，是管理会计指引体系指导实践的重要内容和有效途径，也是管理会计体系建设区别于企业会计准则体系建设的一大特色。在我国，总结实践经验、形成典型案例、予以宣传推广，是推动管理会计应用的有效方式。将单位的成功经验上升为案例并嵌入指引体系，能够帮助单位更好地理解和掌握应用指引，增强管理会计指引体系的应用效果，达到提升单位价值创造力的目标。

在构建案例库的过程中，应始终坚守典型性与广泛性相结合的原则，确保案例的多样性和全面性。制定统一的案例框架、基本要素和质量标准，形成了一套规范的案例格式模板，为后续案例的提炼和整理提供清晰的指导。针对不同性质、行业、规模和发展阶段的单位，分门别类地提炼了多个管理会计案例，并不断对其进行丰富和优化。这些案例不仅涵盖了管理会计的整体应用实践，还深入探讨了管理会计特定领域以及应用指引中的相关工具方法，提炼出了专项应用案例。通过这一系列的努力，总结并提炼出了一批涵盖多个领域、多个行业、多种工具方法的案例，构建了一个内容丰富、具有较强示范性的管理会计案例库。这些案例为各单位提供了宝贵的实践经验和借鉴，也为管理会计理论的发展提供了有力的支持。未来，将继续加强案例库的建设，不断引入新的案例，更新和完善现有的案例，以满足不同单位对管理会计应用的需求，推动管理会计实践的不断发展和进步。

第二节　西方管理会计的产生与历程

一、西方管理会计概念

管理会计的初步概念可以追溯到20世纪初，当时美国有众多企业开始尝试实施泰勒的科学管理理论，以提升生产和工作的效率。为了更好地配合这种管理理念的实践，会计领域开始引入"标准成本"、"差异分析"和"预算控制"等方法，逐渐成为成本会计的重要组成元素。进入20世纪40年代，特别是第二次世界大战结束后，企业在面对激烈的市场竞争时，开始广泛实施职能管理与行为科学管理策略，以提升产品质量、降低成本，并扩大企业利润。与此相适应，"责任会计"以及"成本—业务量—利润分析"等专门方法也应运而生，并逐渐被纳入会计方法体系之中。在1952年的世界会计学会年会上，"管理会计（management accounting）"这一术语得到了正式确认，标志着管理会计作为一个独立的学科领域正式形成。自此之后，"传统会计"更多地被看作"财务会计"，从而确立了现代会计的两大主要分支：财务会计和管理会计。随着时间的推移，管理会计在企业战略规划和日常运营中的作用日益凸显，为企业提供了重要的决策支持和内部管理工具。

财务会计主要对单位已经发生的经济业务采用专门的方法进行确认、计量、记录和报告，为单位信息使用者提供决策的有用信息，并如实反映受托责任的履行情况。管理会计作为会计的重要分支，主要服务于单位内部，是通过利用财务会计提供的相关信息，以及非财务信息，进行事前的分析和预测、事中的控制以及事后的评价，是为单位管理者提供决策依据和建议的管理活动。财务会计通常被称为对外会计；管理会计则被称为内部会计。

尽管管理会计的理论和实践起源于西方社会，但迄今为止在西方尚未形成一个统一的管理会计的概念。美国会计学会对管理会计的定义是：管理会计是一种深度参与管理决策、制订计划与绩效管理系统、提供财务报告与控制方面的专业知识以及帮助管理者制定并实施组织战略的职业。英国特许管理会计师公会对管理会计的定义是：管理会计是为组织创造价值和保值而收集、分析、传递和使用与决策相关的财务与非财务信息的职业。国际会计师联合会对管理会计的定义是：管理会计是指在组织内部，对管理当局用于规划、评价和控制的财务和运营信息进行确认、计量、积累、分析、处理、解释和传输的过程，以确保其资源利用并对它们承担经营责任。管理会计是管理活动的组成部分，关注在动态竞争环境中运用各种技术有效地利用资源，来增加组织价值。加拿大管理会计师协会对管理会计的定义是：管理会计是会计专业的一个分支，是提供企业管理计划、指挥、决策所需要的信息，以及企业各个管理层级如何有效利用信息进行最有效决策的过程。

二、西方管理会计产生与历程

（一）西方管理会计产生

西方管理会计的产生可追溯到 19 世纪末至 20 世纪初的美国，这源于工业革命和企业发展的内在需求。随着企业规模的扩大，传统的财务会计逐渐难以满足内部管理的复杂要求，于是管理会计应运而生，成为企业内部决策的重要工具。这一演变并非偶然，而是管理实践和会计技术发展到特定阶段的自然产物。早期，一些大型企业开始尝试将会计与管理相结合，探索如标准成本、差异分析等方法，以优化内部流程，提升效率。随着经济社会环境和企业经营模式不断变化，管理会计也在不断演进。从最初的简单成本控制，到后来的预算规划、业绩评价等，其内涵逐渐丰富。随着信息技术的发展，管理会计在数据处理、决策支持等方面的能力得到了显著增强。西方管理会计的产生与发展是企业管理和会计技术进步的必然结果，随着时代的变迁而不断演进，为企业提供更加精准、高效的管理支持，推动企业的持续发展。

（二）西方管理会计历程

1. 成本决策与管理阶段

西方管理会计产生于 20 世纪 20—50 年代，由于生产专业化、社会化程度的提高以及竞争的日益激烈，使得当时的企业强烈地意识到，要想在竞争中生存和发展，就必须加强内部管理，提高生产效率，以降低成本、费用，获取最大的利润。适应该阶段社会经济发展的客观要求，产生了泰勒的科学管理理论，而标准成本制度开始在美国推广，标志着管理会计的理论体系开始萌芽。1922年，奎因坦斯在其《管理会计：财务管理入门》一书中首次提出了"管理会计"的名称。

2. 管理控制与决策阶段

20世纪50—80年代，随着信息经济学、交易成本理论和不确定性理论被广泛引进到管理会计领域中，加上新技术大量应用于企业流程管理，管理会计向着精密的数量化技术方法方向发展。一批计划决策模型得到发展，流程分析、战略成本管理等理论与方法体系纷纷建立，极大地推动了管理会计在企业中的有效应用，管理会计职能转为向内部管理人员提供企业计划和控制信息。但由于管理会计对高新技术发展重视不足，其依旧局限于传统责任范围。质量成本管理、作业成本法、价值链分析以及战略成本管理等创新了管理会计的方法，初步形成了一套新的成本管理控制体系。管理会计完成了从"为产品定价提供信息"到"为企业经营管理决策提供信息"的转变。

3. 强调价值与创造阶段

20世纪90年代至今，随着经济全球化和知识经济的发展，世界各国经济联系和依赖程度日益增强，企业之间分工合作日趋频繁，准确把握市场定位、客户需求等显得尤为重要。在此背景下，管理会计越来越容易受到外部信息及非财务信息对决策相关的冲击，企业内部组织结构的变化也促使管理会计在管理控制方面产生新的突破，需要从战略、经营决策、商业运营等各个层面掌握并有效利用所需的管理信息。为此，管理会计以强调价值、创造为核心，发展了一系列新的决策工具和管理工具。

第三节　管理会计发展变革与启示

一、管理会计发展变革

（一）理论框架更新

管理会计的理论体系随着时代变迁不断得到完善，不再局限于传统的成本计算和内部控制，而是逐渐拓展到价值管理、战略决策支持等更为宽泛的领域。这些实践逐渐受到广泛认可和应用，为管理会计的后续发展奠定了坚实基础。

（二）技术创新应用

技术的飞速进步也为管理会计带来了前所未有的机遇。大数据、云计算等现代技术的应用，使得管理会计的数据处理能力大幅提升，为企业提供了更为精准、实时的决策依据。随着时代的进步，管理会计的内涵和应用领域也在不断拓展。从初始的成本控制和预算管理，到后来的业绩评估、战略规划等多个领域，管理会计的作用日益凸显。同时，信息技术的快速发展也为管理会计带来了全新的发展机遇，使其能够更好地服务于企业的决策和管理。此外，西方管理会计的发展也推动了相关学术研究和职业化的进程。越来越多的学者开始聚焦于管理会计的理论与实践问题，提出新颖的观点和见解。同时，专业机构的设立和资格考试的推广也进一步提升了管理会计的职业化水平，为培养高水平的管理会计人才提供了有力支持。

（三）职能范围的拓展

管理会计的职能不再局限于传统的成本控制和财务报告，而是逐渐拓展到战略规划、绩效管理、风险管理等多个领域，成为企业经营管理中不可或缺的一部分，帮助企业提高管理水平和经济效益。在服务对象上，管理会计不再局限于企业高层决策者，而是扩展到了所有利益相关人，随着管理会计的服务更加全面和深入，能够针对不同职能的人员提供个性化的决策支持。管理会计发展的变革与职能范围的拓展是一个持续的过程，随着市场环境和企业需求的变化而不断调整和完善。未来，随着新技术的不断涌现和应用，管理会计的职能范围还将继续拓展，为企业的发展提供更为全面和高效的支撑。

二、管理会计启示

（一）加强数字化建设

数字化建设对于提升管理会计的效能至关重要。通过构建高效的信息系统，企业能够实现数据的快速采集、处理和分析，为决策提供及时、准确的信息支持。这不仅有助于提升企业的决策效率，还能够增强企业的市场竞争力。数字化建设促进了管理会计与其他部门的协同合作，跨部门合作有助于管理会计更深入地了解企业运营状况，提供更有针对性的决策支持，并推动企业内部管理的优化。数字化建设对管理会计人员的素质提出了更高要求，管理会计人员除了掌握会计专业知识，还需具备信息技术、战略管理和运营管理等多方面的能力，以适应数字化时代的新挑战。数字化建设为管理会计提供了更广阔的发展舞台，也为企业提供了丰富的数据资源和信息渠道，管理会计可以利用这些先进工具提高工作效率和质量。综上所述，强化管理会计数字化建设不仅是时代发展的必然选择，还是提升企业竞争力的重要途径，能够更好地发挥其作用，为企业创造更大的价值。

（二）重视价值性创造

管理会计的变革强调了价值创造的重要性。企业应当关注价值的驱动因素，通过优化资源配置、提升运营效率等方式创造价值。管理会计着眼于价值创造的长期性和稳定性，企业的价值增长需要长期、稳定积累，而并非一蹴而就。因此，管理会计应从战略视角出发，协助企业制定并实施长期财务规划，确保企业价值的稳步提升。同时，应关注企业的可持续发展，通过优化资源配置、强化风险管理等手段，为企业的长远发展奠定坚实的基础。随着市场环境的变化和技术的不断进步，企业需要不断创新以寻找新的价值增长点。管理会计还需密切关注行业动态和新兴技术，探索新的模式和方法，充分考虑利益相关者的诉求和期望，实现企业与各利益相关者的共赢发展，为企业提供更为精确、高效的管理支持，推动企业实现持续、稳健的发展。

（三）培育高素质人才

培养高素质的管理会计人才，需要从多个维度进行深耕。第一，必须更新教育理念。不再局限于传统的管理会计技能学习，而是转向注重会计的综合管理和财务事件处理能力。第二，课程体系的建设至关重要。以财务报表为核心，构建全面而深入的管理型会计专业人才培养课程体系，注重跨学科知识的融合，旨在培养出具备综合性知识和能力的管理会计人才。第三，培养具备专业素养、创新能力、跨界思维等综合素质的管理会计人才，为企业的长远发展提供有力保障。同时，能够熟练运用各种工具和方法，对大量数据进行深度挖掘和分析，为企业决策者提供有力的数据支持。第四，提升实际操作能力和解决问题的能力。实践环节不可忽视，院校与企业合作建立实践基地，在校企"双导师"的指导下进行实践。第五，鼓励管理会计人才创新发展。从多个方面入手，企业需要提供良好的工作环境、制定有效的激励机制、加大教育培训力度、搭建创新平台、建立跨学科合作与交流机制等，为人才提供全方位的支持和保障等。

第三章 产业数字化转型与
企业管理会计人才培养

第一节 区域产业结构及布局分析

一、区域产业结构分析

产业结构调整是社会经济发展中的一项重要战略，涉及不同产业之间的相对重要性和相互关系的变化。《"十四五"数字经济发展规划》提出产业数字化变革，带来了劳动力市场需求的改变。从社会学的视角来看，产业结构调整不仅仅是经济的变革，更会对社会结构、劳动力市场、职业认同等方面产生深刻影响。深化产业结构调整，加快新旧动能转换，高等职业教育作为与市场结合最紧密的教育类型，在服务经济发展中起到重要作用，推动区域经济实现高质量发展。

从产业构成的角度来看，分析区域内不同产业的比重关系，关注主导产业和支柱产业的发展状况，以揭示区域经济的核心竞争力和发展方向。如湖南的区域产业结构日趋多元化与特色化，其转型优化成果显著，在推动经济发展方式转变与产业结构调整方面取得了令人瞩目的进展。一方面，充分利用本地资源优势，大力发展特色产业；另一方面，积极培育新兴产业，推动区域产业协同发展，优化产业布局，特别是高新技术产业和战略性新兴产业，如电子信息、新材料以及新能源等，促进产业链上下游企业的协同发展，形成了一批具有鲜明区域特色的产业集群，为区域经济发展注入了新的活力与动能。

二、区域产业布局分析

在产业发展阶段方面，评估各产业所处的生命周期阶段，有助于把握区域产业的发展节奏，为制定产业发展策略提供依据。不同产业在生命周期中的位置，决定了其当前的发展状况、面临的挑战以及未来的成长空间。首先，对处于初创期或成长期的产业，其通常具有较大的市场潜力和发展空间，应重点关注创新能力和市场拓展能力，提供必要的政策支持和资金扶持。其次，对处在成熟期的产业，市场已经相对稳定，技术也趋于成熟，通常具有稳定的收入和利润，但增长速度可能逐渐放缓。应关注如何通过技术创新、产品升级或市场拓展等方式，来保持产业的竞争力和活力。最后，对处于衰退期的产业，其市场需求逐渐下降，技术和产品也面临被替代的风险，应通过转型升级或寻找新的增长点等方式，延长产业的生命周期并实现再生。

随着数字化、互联网和人工智能等技术的发展，制造业、信息技术产业、新能源行业等成为社会经济的新引擎。新兴产业的兴起则需要新的技能和知识，从而导致劳动力市场需求和供给的结构性变化。随着对可持续发展的关注增加，新能源和清洁技术产业逐渐崭露头角。太阳能、风能、电动汽车等产业的发展推动了经济增长，也对传统能源行业提出了新的挑战。生物技术的进步催生了医疗产业的快速发展。生物医药、基因工程、医疗器械等领域的创新为社会提供了更多的健康解决方案，也成为新的经济增长点。在产业结构调整中，文化创意产业逐渐成为一个备受重视的领域。数字媒体、影视制作、艺术设计等领域的蓬勃发展，为经济注入了新的文化和创意元素。

三、产业结构与布局分析

把握产业结构与产业布局的关系需要从多个方面来考虑，理解产业结构与产业布局的关系需要从多个维度进行深入剖析，包括产业结构对产业布局的基础性影响、产业布局对产业结构的反作用、产业布局与区域经济的互动关系以及政策引导与市场机制的作用等。通过科学合理的产业布局规划，引导资源向优势产业和区域流动，形成产业集聚和集群效应，推动产业结构的优化升级。只有全面了解这些因素之间的关系和互相影响，发挥市场机制的作用，才能更好地把握行业结构和产业结构的演变趋势，从而找到更多的投资机会，推动区域经济的持续健康发展。

产业关联度是一个重要的分析维度。通过研究各产业之间的关联程度，可以了解产业链上下游的依存关系，揭示产业协同发展的现状和问题。这样有助于优化产业链结构、提升整体竞争力。另外，可以从空间分布特征的角度来分析区域产业布局。通过观察各产业在区域内的分布状况，可以发现产业空间布局特点，进而分析这些特点对区域经济发展的影响。与此同时，在制定区域产业发展策略时，需要充分考虑产业关联度和空间分布特征等因素。通过优化产业链结构、提升产业协同发展水平、促进产业集聚和升级等方式，推动区域产业结构的优化和布局的合理调整，进而提升整个区域经济的竞争力。

四、政策与制度因素分析

政策与制度是塑造区域产业结构及布局的重要力量。国家和地方层面的政策不仅为产业发展指明了方向，还在优化产业布局上发挥着至关重要的作用。同时，健全的制度环境可以为产业发展提供有力的支撑。此外，资源环境的承载能力也是产业布局时必须考虑的关键因素，需要准确评估区域的资源环境供给和承载状况，确保产业与环境的和谐共生。通过深入理解这些影响因素，制定出更加科学合理的产业发展策略，推动区域产业的健康、持续发展，有助于理解政策导向和制度环境在推动区域产业发展中的作用。

在社会学的视角下，我们看到了就业结构、社会阶层、职业认同等方面的深刻变革。随着人们对产业结构调整、产业布局变革和新兴产业兴起的逐渐适应，社会对于转型的适应能力将逐渐提高。随着就业市场的不断变化，职业教育需要紧密地与实际需求对接，政策改革要关注如何提高职业教育的就业率和就业质量。职业教育体系的改革、职业培训的普及将使人们更具备应对产业变革的能力。新兴产业的崛起助推了创新文化的繁荣。社会的认可和鼓励将促使更多人投身创新领域，为社会带来更多科技和文化的突破。随着新兴产业的兴起，社会的价值观将更加多元化。可持续发展、社会责任等观念将更为深入人心，推动社会产业发展朝着更为平等、可持续的方向发展。

第二节　产业数字化转型与高质量发展

一、实现新兴产业驱动，带动传统产业转型

2020年9月，习近平总书记到湖南考察，提出了"三高四新"的战略构想，特别强调了发展先进制造业的重要性，期望湖南特别是长沙能够成为国家的重要制造业高地。制造业，作为国家实力的基石，一直以来都是长沙的骄傲与支柱。长沙不仅仅因制造业而声名远扬，更因此而繁荣兴盛。在科技创新的引领下，长沙以先进制造业为核心，精心构建了"4433"现代化产业体系。这一体系涵盖了工程机械、先进储能材料、新能源汽车和现代金融四大支柱产业，同时也包含了数字产业、智能产业、新能源和大健康四个新兴产业。此外，长沙还注重传统产业的升级，如现代农业、食品加工和文化旅游等三大传统产业，并在人工智能、量子科技和基因技术等未来产业上积极布局。长沙正以前所未有的步伐，向着国家重要先进制造业高地的目标迈进。通过不断推动科技创新，优化产业结构，提升制造业的核心竞争

力，长沙正努力在全球制造业领域占据一席之地，为国家的繁荣与发展贡献长沙
力量。

二、发挥科技引领作用，加快产业升级改造

在人类发展的历史长河中，科技创新一直是推动国家与民族进步的不竭动力，
也是提升社会生产力的核心要素。对于发展，创新是关键；对于未来，创新是蓝
图。长沙，作为全国首批的国家创新型城市与创新驱动示范市，其科技创新实力不
容小觑。这里拥有杂交水稻全国重点实验室等131家国家级创新平台，其国家级科
技成果的获奖数持续领跑全国。长沙深知企业作为社会经济活动的基本单元，其创
新能力至关重要。因此，长沙一直强化企业在科技创新中的主体地位，推动创新资
源、人才、政策与服务向企业汇聚。近年来，长沙的中小企业在创新道路上展现出
了蓬勃的活力。它们以创新为引领，聚焦主业，精益求精，逐步走上了专精特新的
发展道路。虽然这些企业规模可能不大，但它们在各自的细分领域深耕，成为拥有
独门绝技的行业佼佼者。有的企业拥有众多发明专利，填补了国内相关领域的技术
空白；有的企业通过技术创新，打破了发达国家的技术垄断。

科技创新的原始突破固然重要，但将成果转化为实际生产力更为关键。长沙深
知这一点，因此在推动制造业成果转化方面下足了功夫。它打通了"两个一公里"，
即建设概念验证中心，破解成果转化"最初一公里"的难题，每年在先进制造业领
域征集并支持多个概念验证项目；同时，建设应用场景，打通成果转化"最后一公
里"，打造了一批前沿智造技术应用场景示范区，吸引了全球先进的制造业技术和
产业在长沙落地生根。通过这些举措，为国家的制造业发展注入了新的活力。未
来，长沙将继续在科技创新的道路上阔步前行，为国家乃至全球的制造业发展贡献
更多的智慧和力量。

三、数字赋能生产方式，注入产业创新动力

数字化新技术正在改造行业，并转变着生产方式。加快推进制造业数字化转型
是面向时代发展新需求、转变生产方式的需要，有利于创新生产供给模式，推进柔
性化生产制造，提高大规模个性化定制供给能力；有利于创新产业链合作模式，推
进产业链网络化、协同化生产，提高产业资源共享、协同和整合能力；有利于创新
企业生产管理方式，推进数字化、网络化、智能化生产，提升企业内部人员、物
资、资金、技术、安全等方面的管控能力。质量和效率是企业生存和发展的生命
线，数字化转型提升了制造业企业生产的质量与效率。我国制造业"大而不强"，
缺乏竞争力的根源在于质量与效率与发达国家相比仍然有待提高。因此，促进智能

制造是推动制造业转型升级、加快制造业高质量发展的重要抓手。

推动制造业数字化转型是适应时代发展新需求、革新生产方式的必要之举，此举不仅能创新生产供给模式，促进柔性化生产制造，增强大规模个性化定制的能力；同时也能革新产业链合作模式，深化产业链的网络化与协同化生产，强化产业资源的共享、协同与整合；此外，还有助于革新企业生产管理模式，推动数字化、网络化、智能化生产，进一步提升企业内部对人员、物资、资金、技术、安全等方面的管理能力，这些举措共同为制造业的升级发展注入了新的动力。

四、唱响品牌核心价值，赋能企业价值创造

深化品牌核心价值、促进智能制造升级发展，这两大战略对于企业的长远进步具有不可忽视的推动作用。品牌核心价值是企业独特的文化精髓，体现出企业的使命、愿景和价值观，是企业在市场竞争中树立独特形象的关键所在。鲜明而深刻的品牌核心价值，能够赢得消费者的信赖和喜爱，为企业赢得市场份额和竞争优势。而智能制造，作为现代工业发展的重要趋势，通过集成先进的信息技术、自动化技术和人工智能技术，实现了制造过程的智能化、高效化和精细化。智能制造不仅提高了企业的生产效率，降低了成本，还提升了产品质量，增强了企业的市场竞争力。同时，智能制造也为企业带来了更多的创新机会，推动了企业的可持续发展。

深化品牌核心价值与促进智能制造升级发展相辅相成，能够产生强大的协同效应。一方面，通过深化品牌核心价值，企业能够吸引更多的优质资源，包括人才、技术和资金等，为智能制造的升级发展提供有力支持；另一方面，智能制造的升级与发展又能够进一步提升企业的品牌形象和核心竞争力，为品牌价值的深化注入新的活力。因此，企业在发展过程中，应当注重深化品牌核心价值，同时积极推动智能制造的升级发展。通过技术创新和模式创新，不断提升企业的综合实力和市场竞争力。只有这样，企业才能在激烈的市场竞争中立于不败之地，实现稳健而可持续的发展。

第三节　数字化转型与会计人才能力培养

一、聚焦数字化转型政策

中共中央、国务院印发的《中国教育现代化2035》（以下简称《2035》）提出了十个教育现代化的战略任务，其中包括"加快信息化时代教育变革，利用现代技术加快推动人才培养模式改革，实现规模化教育与个性化培养的有机结合"。《2035》

指出，需要"建设智能化校园，统筹建设一体化智能化教学、管理与服务平台"。人工智能技术是发掘大数据价值和创新效应的最佳途径，在教学辅助、学习过程、学习分析和教育决策等多个领域为智能化校园提供全方位的支持。云计算和物联网技术是扩展教育大数据应用场景的"两翼"，云计算技术提供了算力和数据仓储基础设施的支持，物联网技术增强了计算和数据采集的即时性和普适性。在前沿信息技术的助力下，教育大数据将逐步实现《2035》提出的相关战略目标，呈现以下发展趋势：一是教育大数据将引领教学、学习和评价方式的变革，使其进一步去中心化、个性化；二是数据采集和反馈将更为实时、全面、可信；三是教育大数据的应用将更多地走入前台，它将提供全程、全场景、全天候的教学辅助和决策参考，协助职业发展和终身学习。

2023年2月，中共中央、国务院印发《数字中国建设整体布局规划》（以下简称《规划》），明确了数字中国建设的整体框架，提出全面提升数字中国建设的整体性、系统性、协同性，促进数字经济和实体经济深度融合，以数字化驱动生产生活和治理方式变革，为以中国式现代化全面推进中华民族伟大复兴注入强大动力。随着数字化高技能人才对产业发展重要作用的日益凸显，数字人才的高质量供给也日益成为企业全面转型和升级的关键。如何培养高素质的复合型数字人才，成为业界关注的焦点。

二、数字化转型与职业教育面向

一是全面改造技术技能人才的培养流程。在目前标准化、集中化教育模式的背景下，实现因材施教仍面临着诸多挑战。为了克服这一难题，数字化赋能职业教育应贯穿于技术技能人才培养的全过程。利用数字技术能够打破传统的教学范式，重构人才培养模式，摆脱以教室为中心、集中化教学的局限。从而根据个体的成长需求与多样性，构建虚拟与现实相结合的多元化学习实训环境；借助知识图谱、人工智能、虚拟仿真等技术，构建新型技能学习资源体系；同时，重塑教与学的数字化流程，实现学习资源的智能推送和自主选择，利用信息技术探索未知领域，并将所学应用于工作场景，推动产业数字化转型。

二是促进数字技术与教育要素融合创新。党的二十大报告强调，"要深入实施科教兴国战略、人才强国战略、创新驱动发展战略，开辟发展新领域新赛道，不断塑造发展新动能新优势"。在数字化时代，传统产业的新动能和新优势在于与信息技术的深度融合及数字化转型。作为与产业紧密对接的教育类型，职业教育应积极响应产业需求，推动数字化技术变革。为此，需要持续推动职业教育的数字化转型升级，主动对接数字产业的前沿发展，加强科技创新，并利用信息技术构建集教学、实验、实训、成果转化和科研创新于一体的平台。同时，根据产业和行业的人才需求，优化专业布局、调整教学内容、融入数字技术、探索科教产融合，促进教育、产业和创新要素的深度融合创新。

三、数字化转型与职业教育目标

一要实现普惠性的教育服务。教育资源分布不均一直是各国教育发展中遇到的共性问题。通过数字化技术全面赋能教育，可以提供更高质量、更公平、更开放、更灵活的教育服务，这为解决教育资源不均衡问题提供了新的途径，有助于缩小区域、城乡和校际之间的教育差距。因此，在数字化赋能职业教育的过程中，应始终坚守普惠原则，推动教学课程和虚拟仿真实训课程的广泛共享，促进教育资源的均衡配置，不断提升师生的信息素养，创造更加包容、公平的教育环境，利用数字化技术推动教育向更加公平、更有质量的方向发展。

二要实现高效的教育资源供给。终身教育是社会发展和个人成长的必然选择。为此，党的二十大报告强调了"推进教育数字化，建设全民终身学习的学习型社会、学习型大国"的重要性。建设学习型社会和学习型大国要求职业教育必须提供高效、优质、便捷的教育服务。数字化转型能够破解教育资源的有限性与教育需求无限性之间的矛盾，打破时间和空间的限制，提供随时随地的学习机会。因此，在数字化赋能职业教育的过程中，应注重提高教育服务的效率和便捷性，不断丰富和拓展职业教育的教学资源。

三要实现增值发展的目标。学校教育的发展经历了农耕时代、工业时代，如今正迈向智能时代。在智能时代，知识的增长速度已达到前所未有的水平，个性化、智能化、小批量模式正在迅速改变工业社会大规模生产的模式，传统的工厂化学校模式正逐渐失去其生产力和生产关系的基础。教育数字化已成为促进人的全面发展的关键要素，同时也在引领生产力的变革。因此，在数字化赋能职业教育的过程中，应紧紧围绕增值发展的目标，充分发挥数字化技术的放大和倍增效应，为职业教育增值赋能，促进人的全面发展和社会经济的进步，助力建设教育强国。

四、数字化转型与人才培养策略

（一）促进产业结构调整与专业设置融合

为了更好地适应产业结构的调整，未来高等职业教育将主动对标数字产业发展前沿，深化产业与专业的融合。通过与企业紧密合作，建立产业联盟，及时了解市场需求，调整专业设置。根据产业、行业的人才需求，促进专业布局的优化与调整、教育教学内容中数字化新技术的融入，探索科教产融合发展新模式，使之更符合产业发展趋势，确保学生毕业后具备良好的就业前景，推动教育要素、产业要素和创新要素融合创新。

（二）构建智慧教学环境和提升育人水平

为了解决实践教学资源不足的问题，高等职业教育将加速推动信息技术与教育的深度融合。引入先进的在线教育平台、虚拟实境技术、人工智能辅助教学等手段，建设先进的实验室设备，引入虚拟实验室等先进技术，提高教育的智能化水平，与企业建立更多的实习实训基地，以提高学生的实际动手能力。

（三）加强治理体系改革与治理能力建设

高等职业教育将进一步完善现代职业教育配套制度。通过引进更多行业专业人才，构建更为合理的师资结构，以更好地适应职业教育的需要。另外，优化评价和激励机制。建立更为科学合理的教学评估标准，将实际教学效果纳入考核范围，同时设立相关奖励机制，激发教师的教学热情。推进职业院校数据治理，使原有治理体系结构得到优化、模式获得创新，有利于激发治理活力、降低治理成本、提高治理效率，对高职院校治理体系和治理能力的现代化起到了促进作用。

（四）创新高职管理会计人才培养模式

高等职业教育将更加注重专业设置与产业发展的紧密结合。加强与企业的沟通，及时了解市场需求，灵活调整专业设置，确保学校培养的人才更符合产业需求。建立产业联盟，推动校企合作，通过产学研深度融合，使教育培养的人才更具有竞争力。创新人才培养模式，即产业导向型、实践教学与理论学习相结合，"着力差异化的教、个性化的学、科学化的管和智能化的评"，构建数据驱动的更加精准的职业教育新路径和构建人机结合的更加智能化的职业教育新范式。

第四章 高职院校管理会计人才培养现状及问题分析

第一节 高职院校管理会计人才培养现状调研

一、调研目的

以人工智能、大数据、物联网、云计算等技术为核心的新一轮的科技革命和产业变革，推动了各行各业进入数字化、智能化时代。作为数字经济应用的重要行业，会计行业面临着信息化、自动化、数字化、智能化转型升级。会计职业转型升级势必带来职业人才需求的改变。因此，数字信息技术的变革对高职院校教育领域也产生了深刻的冲击。2021年教育部《职业教育专业目录（2021年）》（以下简称《目录》）发布，新版《目录》中会计专业更名为大数据与会计专业，对传统的会计专业进行了数字化升级。高职院校作为会计专业人才培养的重要阵地之一，需要从专业名称到内涵建设进行全面数字化改革。

为了掌握大数据与会计专业人才需求状况，了解大数据时代对企业会计人员的能力要求，更好地开展专业建设，提升人才培养质量，在专业建设指导委员会的指导和监督下，湖南信息职业技术学院大数据与会计专业教研室认真开展了本专业的人才培养调研工作。通过实地调研、网络查阅、开展座谈会、问卷调查等方式，调研了行业企业需求、同类院校本专业的办学情况、毕业生职业发展、在校生学习情况以及校企共建课程情况等。

根据《会计改革与发展"十四五"规划纲要》《会计行业人才发展规划（2021—2025年）》等文件精神，为深入了解行业发展现状与趋势，精准把脉行业从业人员基本情况、企业人才需求情况、相关行业岗位要求、同类院校同类专业等情况，特组织本次调研。调研围绕企业对会计人才的要求和现有专业教育之间的联系与差距，重点调研专业发展前景、行业发展动态，重点摸清行业企业对应届生知识、技能与素养的要求，并对调查结果进行分析，确定大数据与会计专业人才培养目标、毕业生应该具备的素质和专业能力，为学院专业人才培养目标定位、课程体系设置、实习实训条件、教师队伍建设提出建议，以实现人才培养与单位人才需求的无缝衔接。具体调研目标如下：掌握企业会计人才的需求状况和本专业职业面向及岗位分布变化与调整；分析会计相关岗位对人才能力、知识、素质的要求，了解主要就业岗位的典型工作任务等；明确大数据与会计专业人才培养规格与岗位能力要求；检验校正与岗位对接的专业课程体系，实现就业导向型人才培养目标与专业建设目标；通过调研找到适合会计专业对接产业、行业发展的专业人才培养模式及培养途径，提出专业人才培养的总体思路，为人才培养方案的修订、专业课程标准的制定（修订）提供全面、客观、科学的依据。重点深入企业调研，通过座谈、记录、访谈方式，获得有关企业或部门中会计岗位分布情况、管理会计岗位用人需求情况、管理会计岗位工作过程、管理会计岗位用人要求等有关信息。

二、调研工作开展情况

（一）调研对象

调研对象主要包括政府部门、行业企业、高职院校、毕业生、在校生五类主体。调研涵盖了各个层次、各种级别，具有代表性，掌握了专业人才培养和课程建设的一手资料。调研对象如表4-1所示。

表4-1　调研对象列表

类别	序号	调研对象名称	调研方式
政府部门	1	长沙市望城区税务局	实地调研
行业企业	2	中国（湖南）自由贸易试验区长沙片区	实地调研
	3	长沙飞晗财务管理咨询有限公司	实地调研
	4	百铖企业服务中心有限公司	实地调研
	5	湖南成普信息科技有限公司	实地调研
	6	湖南航天信息有限公司	实地调研
	7	云账房网络科技有限公司湖南分公司	实地调研
	8	湖南中德安普大数据网络科技有限公司	实地调研
	9	中教畅享科技股份有限公司	实地调研
	10	长沙鑫润财税顾问有限公司	网络调研
	11	湖南一喜科技服务有限公司	网络调研
	12	长沙卓成云智信息科技有限公司	网络调研
	13	冷水江市德源财务服务有限公司	网络调研

表4-1（续）

类别	序号	调研对象名称	调研方式
	14	昆山市高士达自动化技术有限公司	网络调研
	15	深圳市标誉兴科技有限公司	网络调研
高职院校	16	长沙商贸旅游职业技术学院	实地调研
	17	湖南电子科技职业学院	实地调研
	18	湖南商务职业技术学院	网络调研
	19	长沙民政职业技术学院	网络调研
	20	湖南汽车工程职业技术学院	网络调研
	21	湖南外贸职业技术学院	网络调研
毕业生	22	应届、往届毕业生	实地、网络
在校生	23	2021级和2022级在校生	座谈、网络

（二）调研内容

1. 行业调研

以文献查阅、材料收集、实地调研为主要调查方法，结合高等职业教育权威研究评价机构、高等职业院校状态数据库、权威媒体、统计数据库等数据源，对会计行业国内、国外发展的总体形势，对互联网、大数据、财务共享等新趋势下会计行业有关技术技能领域的变化，对管理会计岗位设置情况，对管理会计人才结构现状及未来需求等方面进行调研。

2. 企业调研

以实地调研、访谈、问卷调查为主要方法，对被调研企业的人才需求情况能力标准（包括企业对大数据与会计专业学生的专业能力需求和非专业能力需求），以及对管理会计体系的设置、管理会计人才需求、管理会计课程建设的建议、管理会计专业人才培养建议、高职高专毕业生的工作评价等方面进行调研。

3. 高职院校调研

以实地调研和问卷调查为主要方法，对高职院校专业基本情况、人才培养思路、专业课程体系、专业师资队伍结构、专业实验实训开展情况、专业校企合作的有益实践、专业数字化教学改造、专业核心课程开设的建议、管理会计课程建设、管理会计人才培养建议等方面进行调研。

4. 毕业生调研

以实地调研和问卷调查为主要方法，调研对象为从事本专业工作岗位的毕业生，调研内容主要为对本专业教学效果的评价，对专业人才培养工作、课程设置、教学实施、职业技能训练等方面的意见和建议。

5. 在校生调研

以座谈会为主要方法，了解大数据与会计专业在校生对专业设置、管理会计课程、实训实习条件、教学模式方法的意见和建议。

（三）调研团队及分工

调研人员与职责分工如表4-2所示。

表4-2　调研人员及分工

主要调研人员	职责分工
专业带头人、专业教师	网络调研资料、数据采集、汇总和分析
专业带头人、教研室主任、专业教师	重点企业发展及管理会计人才需求情况调研
经济管理学院院长、经济管理学院副院长、专业带头人、教研室主任、专业教师	同类院校专业发展及管理会计基础课程建设状况调研
专业带头人、专业教师	学院本专业往届毕业生情况调研
教研室主任、专业教师	学院本专业在校生学习情况调研

（四）调研过程与方法

调研主要采用实地调研、问卷调查、访谈、座谈会、材料收集与文献查阅相结合的方式进行。实地调研、访谈、问卷调查主要面向企业和学校，座谈会和访谈主要面向毕业生和在校生，针对行业的调研主要采用文献查阅、材料收集等方式进行。

1. 前期准备阶段

成立调研团队，明确调研目的；确定调研方案与调研流程；调研任务分工；查阅相关文献，制定与发布调查问卷。

2. 相关文件查阅

通过查阅《会计改革与发展"十四五"规划纲要》《会计行业人才发展规划（2021—2025年）》《关于全面推进管理会计体系建设的指导意见》等文件，了解行业发展趋势和岗位人才要求。通过访问智联招聘等大型专业网站，了解企业对人才素质的硬性需求，寻找专业人才培养方案制订的出发点。

3. 在校生座谈会

组织200名在校生开展了一次座谈会，同时在课堂上对大数据与会计专业学生进行现场访谈，了解学生对专业的认知、对职业生涯的规划，以及对课程设置、实训实习条件、教学方式的意见和建议。

4. 实地调研与网络问卷

（1）政府部门

为深化学院与政府税务部门的战略合作，探索专业人才培养和课程建设的创新模式，调研团队实地走访了当地税务部门，开展了实地调研。

（2）行业企业

为了解行业企业对人才的需求，调研团队走访了中国（湖南）自由贸易试验区长沙片区、长沙飞晗财务管理咨询有限公司、百铖企业服务中心有限公司、湖南成普信息科技有限公司、湖南航天信息有限公司、云账房网络科技有限公司湖南分公司、湖南中德安普大数据网络科技有限公司等7家省内企业；同时，网络调研了长沙鑫润财税顾问有限公司、湖南一喜科技服务有限公司、长沙卓成云智信息科技有限公司、冷水江市德源财务服务有限公司、昆山市高士达自动化技术有限公司、深圳市标誉兴科技有限公司等6家省内外企业。发放纸质和在线问卷共计130份，回收有效问卷127份，其中调研人力资源人员8人、企业管理人员15人、技术骨干人员107人。调研内容主要包括行业企业会计人才结构现状，行业企业会计人才需求状况，企业管理会计工作情况，企业对管理会计人员的知识、技能和素质要求等。

（3）高职院校

为了解高职院校大数据与会计专业开设情况，实地走访调研了长沙商贸旅游职业技术学院、湖南电子科技职业学院，并对湖南商务职业技术学院、长沙民政职业技术学院、湖南汽车工程职业技术学院、湖南外贸职业技术学院开展了网络调研。了解高职院校专业的建设特色、课程设置、实训条件、校企合作等情况，为我院大数据与会计专业人才培养方案修订及校企共建管理会计课程提供参考。

（4）毕业生

开展应届、往届毕业生就业情况调研，走访了正在企业实习的学生以及已经参加工作的往届毕业生，认真听取了用人单位对学生的工作表现的满意度与专业人才培养的意见和建议，了解本专业毕业生的生活和工作状况、就业工作岗位情况，以及学生对专业教学、课程设置、教学过程等的意见和建议。对其他毕业生开展网络调研，发放调查问卷共计327份，回收有效问卷315份，问卷内容主要包括毕业生对专业课程设置、职业技能培养、课程教学过程与效果的意见和建议。

5. 分析总结

整理、分析、提炼和总结调研数据，召开专业人才培养方案修订专题研讨会，初步敲定校企合作共建管理会计课程的基本建设方案，同时形成调研报告。

第二节　高职院校管理会计人才培养调研分析

一、调研结果分析

（一）行业调研结果分析

1.行业发展现状与趋势

财政部发布的《会计改革与发展"十四五"规划纲要》指出，应当正视会计工作存在的问题和不足，主要表现在：会计审计标准体系建设仍有差距，会计服务市场管理仍需创新，会计审计工作质量仍需提升，高端会计人才供给仍显不足，会计法治建设仍待加强，相较于数字化发展要求，会计审计工作信息化水平仍需提高。该纲要指出，推动会计职能对内拓展要加强对企业管理会计应用的政策指导、经验总结和应用推广，推进管理会计在加速完善中国特色现代企业制度、促进企业有效实施经营战略、提高管理水平和经济效益等方面发挥积极作用。加强管理会计在行政事业单位的政策指导、经验总结和应用推广，为行政事业单位提升内部治理水平做出有益探索。

财政部发布的《会计行业人才发展规划（2021—2025 年）》提出，"对不同层次、不同类别的会计人才分别构建能力框架，强化对会计信息化能力的要求，推动各级各类会计人才适应会计工作数字化转型。依托部分高校，聚焦直接影响会计学科专业体系建设的关键因素，从师资、课程、教材、教学内容、教学方式和实践基地等方面进行以战略思维、业财融合、数字智能为导向的教改研究和探索，推动产学研一体化发展"。

当前，大数据、人工智能、移动互联网、物联网、区块链等技术加快发展，进一步催生了新产业、新业态、新模式，这迫切需要加快培养一批既精通专业又熟悉信息技术、既具备战略思维又富有创新能力的高素质会计人才。会计数字化、智能化是会计行业发展的必然趋势，在未来一段时间内，会计数字化人才需求将会持续保持增长。财政部将扩大具有管理会计技能的高端会计人才培养规模，完善高端会计人才的能力框架。在会计专业技术资格考试大纲中加大管理会计权重，提升现有会计人员的综合素质和能力。

2.从业人员基本情况

会计人才是我国人才队伍的重要组成部分，是会计行业发展的重要力量。自《会计行业人才发展规划（2021—2025 年）》发布以来，会计人才队伍建设得到显著提升。但是从我国会计人才发展实际来看，我国会计人才队伍结构性失衡问题仍然存在，中西部地区人才发展缓慢，基层行政事业单位会计力量薄弱，会计人才梯队分布不合理，从事基础核算的人员较多，具有新时代发展理念、全球战略眼光、管理创新能力的高端会计人才供给依然不足。我国初级会计职称的报考人数从2018年开始，一直保持在300多万人。

根据《YCY会计行业观察》提供的数据，在我国初级会计人员供需现状方面，58.1%的受访者认为严重供过于求，34.1%的受访者认为比较供过于求，两者合计占比92.2%；而在高级会计人员供需现状方面，40.8%的受访者认为严重供不应求，38.4%的受访者认为比较供不应求，两者合计占比79.2%。可以发现，我国会计人员的市场供需存在严重的结构失衡问题，即高端人才供不应求。

（二）企业调研结果分析

1. 岗位设置及人才需求

调研发现，普通中小企业会计岗位设置相对简单，一般只设置出纳岗位、会计核算、财务主管（或会计主管），基本可以满足企业正常财务管理工作开展的需要，对于财务管理人员素质的要求相对不高；对于规模较大的企业，财务人员岗位分工相对更加细致，一般都设有财务总监、成本会计、费用会计、税务会计、财务分析、投资管理等岗位，对职业综合素质与能力的要求相对比较全面。在人才需求的方面，信息化的快速发展使得企业逐渐重视财务信息化管理的作用，传统基础会计岗位的需求有减少趋势，侧重于管理决策职能的财务人员需求增多。

2. 专业能力需求和职业素养分析

调研发现，100%的企业注重出纳业务能力、会计基本业务核算能力和财务分析能力，76.4%的企业注重纳税申报业务能力和财务软件操作能力，62.7%的企业注重内部控制专业能力，44.2%的企业注重预算管理能力，31.7%的企业注重成本管理能力、Excel应用能力、税收筹划能力。调研还发现，100%的企业注重敬业精神、道德品质、合作能力和学习能力，91.6%的企业注重沟通能力，63.4%的企业注重创新能力、抗压能力、适应能力，45.5%的企业注重自我约束能力，43.7%的企业注重文字表达能力。

3. 企业对职业资格证书的倾向

调研发现，83%的企业比较看重职业资格证书，而17%的企业比较注重实际工作能力，认为证书与工作能力不一定有直接的关系。在看重职业资格证书的企业中，74%的企业认为中级会计职称比较重要，52.4%的企业认为初级会计师比较重要，41.2%的企业认为注册会计师比较重要，33.6%的企业认为税务师资格比较重要，27.7%的企业认为审计师资格比较重要。可见，初级会计师和中级会计师是对财务岗位人才最普遍的资质要求。因为学生在校期间只能报考初级会计师资格考试，对于用人单位提出的更高要求，就要在人才培养目标和课程体系方面提高学生将来的可持续发展能力。与会计专业相关的"1+X"职业技能等级证书，如智能财税、业财一体信息化应用、大数据财务分析、财务数字化应用、数字化管理会计、金税财务应用等职业技能等级证书，企业目前对于"1+X"证书制度中相关证书并不了解，这类证书还需要我们学校和主管部门的大力推广。经我们介绍"1+X"证书制度，用人单位表示如果能真正掌握这些证书中的技能，持有这类证书在求职中将会更有优势。

4. 企业对学校开设课程的建议

调研发现，在财务管理专业课程设置上，企业建议开设的课程包括基础会计、经济法基础、财务会计、管理会计基础、成本管理与核算、财务管理、Excel财务应用、纳税实务、财务大数据分析、内部控制与风险管理等课程，同时建议学校在人才培养的过程当中，注重实践动手能力的培养，强化学生职业技能素养的锻炼与综合素养的全面提升。

（三）院校调研分析

1. 主要课程开设情况

调研结果表明，100%的学校开设"会计基础""企业财务会计""会计信息系统应用""财务机器人应用与开发""管理会计基础"等课程，75%的学校开设"经济法基础""企业管理基础""智能化成本核算与管理""Excel财务应用"等课程，50%的学校开设"商务礼仪与职业形象""Python程序设计基础""经济学基础"等课程，25%的学校开设"市场营销基础""数据库基础"等课程。

2. 校内实训基地建设及运行情况

被调研学校中，多数学校为满足大数据与会计专业课程实训的需要均建有会计电算化实训室（ERP实训室）、财务管理实训室、数字化管理会计实训室，有些学校还建有跨专业综合实训室、ERP沙盘企业经营模拟实训室、纳税申报实训室、审计实训室、证券投资实训室。校内实训场所主要满足"基础会计""财务会计""财务管理实务""会计综合实训"等课程实训和综合实训开展的需求。在软件配置方面，主流配置的软件包括用友ERP-U系列软件、网中网单项课程实训平台、网中网会计综合实训平台、网中网赛训一体化教学平台、电子报税系统、用友ERP电子沙盘、用友ERP手工沙盘、用友VBSE跨专业实训平台等。

3. 校外实习基地建设以及运行

调研结果表明，除了满足学生专业技能课程实训开展需要而建立校内实训室，过半数院校校外校企共建实习基地，少部分院校在探索现代学徒制、共建产业学院模式。但校外实训基地利用率不高，在专业人才培养中所发挥作用的渠道比较单一，主要集中在日常专业实习、顶岗实习环节、教师聘任方面，但整体实质上接受实习实训的学生数量较少，校企合作深度有待进一步加强。

4. 专业数字化升级与课程改革

调研发现，虽然近两年大数据、云计算等现代信息技术对教育教学的影响比较重大，各学校也充分认识到进行数字化升级改造专业教学的重要性，但只有不到20%的学校真正从专业教学的内涵建设上全面落实数字化升级改造一体化建设工作，现有的数字化教学改造仍然多停留在精品资源公开课、精品视频公开课、在线开放课程等网络资源的层面，没有从教材建设、实训场所改造、教学手段与方法、教师系统培训等方面进行全面的一体化建设。

（四）毕业生调研分析

选择了毕业1年、2~3年、3~5年的各类毕业生进行调研，发放调查问卷共计327份，回收有效问卷315份，其中，毕业1年内的毕业生答卷179份，毕业2~3年内的毕业生答卷103份，毕业3~5年内的毕业生答卷33份。调研结果情况分析如下：

1. 毕业生就业情况分析

从调查数据来看，有82%的学生就职于民营企业，进入行政事业单位的为16%，2%左右自主创业。这个比例基本符合当前大数据与会计专业毕业生的就业现状。

2. 毕业生就业岗位分析

通过对企业用人需求调研得知，企业对于大数据与会计专业人才的需求岗位主要集中在企业事业单位的出纳、会计、财务管理、管理会计等岗位，已有少数学生进入了共享财务、业务财务、财务大数据分析岗位。

3. 对本专业人才培养的评价与建议

毕业学生对母校的课程设置选"满意"的占78.8%，其中满意度较高的课程有"基础会计""财务会计""财务管理""管理会计基础"等，与个人成长最相关联的课程主要有"基础会计""财务会计""会计信息系统应用"等课程，但是也对课程提出了不少建议，比如"税费申报与管理"课程实践环节不够，"审计基础与实务"比较枯燥、难以理解等。

（五）在校生学情分析

1. 对课程设置合理性评价

在课程设置上，在校生认可度较高。78.2%的学生对课程设置非常满意，13.8%的学生对课程设置比较满意，5.9%的学生认为课程设置一般，2.1%的学生对课程设置不满意。对于专业课的学习，"会计基础""企业财务会计""会计信息系统应用""管理会计基础""财务管理实务"等课程得到了同学们的普遍重视。

2. 对教师教学水平认可度

调研发现，在校生对教师教学水平的认可度高。72%的在校生对教师的教学水平非常满意，21%的在校生对教师的教学水平比较满意，5%的在校生认为教师的教学水平一般，2%的在校生对教师的教学水平不太满意。

3. 对教学方法与手段评价

调研发现，82%的学生对现有的教学方法与手段满意，18%的学生对教学方法与手段不满意，其中67.2%的学生认为应该强化现代信息技术的应用，87.4%的学生认为应该加强师生间的互动，63.8%的学生认为应该强化课堂纪律的管控，65.5%的学生认为应该提升教学PPT的质量。

4. 对教学设施和实践的评价

65%的在校生对学校教学设施和实践教学满意，25%的学生认为一般，10%的学生不满意，建议加强教学基础设施建设和实践教学管理。

二、调研结论与人才培养现状

通过对行业企业、同类院校、毕业生、在校生进行调研，结合典型工作任务分析，调研结论及建议如下。

（一）以"大数据+管理会计"，催生行业数字化转型新业态

新一轮科技革命和产业变革深入发展，数字化转型正成为不可逆转的大趋势。《中华人民共和国国民经济和社会发展第十四个五年规划和2035年远景目标纲要》提出，加快数字化发展，建设数字经济、数字社会、数字政府，营造良好数字生态，打造数字中国。国务院印发的《"十四五"数字经济发展规划》，就不断做强做优做大我国数字经济提出了具体举措。数字时代对会计数字化转型提出了必然要求。一方面是贯彻落实国家信息化发展战略、推动数字经济和实体经济深度融合、建设数字中国的必然选择；另一方面对于推动会计职能拓展、提升我国会计工作水平和会计信息化水平具有重要意义。高职院校应加强数字化管理会计课程的建设，在会计人员能力框架、会计专业技术资格考试大纲、会计专业高等和职业教育大纲中突出对信息化和数字化转型能力要求的比重，加强复合型会计信息化人才培养。

（二）以人才供需矛盾，凸显高素质管理会计人才短缺

管理会计人才在供需上存在矛盾，专业化、高素质人才大量缺乏。随着大数据技术的不断应用，企业对于管理会计人才的需求也在不断增加，但是由于教育与实践的脱节、行业发展方向多样、人才培养与企业需求匹配度不高等原因，导致高素质、专业化的人才供给无法满足行业对人才的需求。高职院校应着力培养具备数字

化和专业化素养的高素质技术技能型管理会计人才，强化实践教学、加强校企合作，结合行业需求和发展趋势开设相关课程，进一步提高学生的实践能力和解决问题的能力，以适应行业发展的需要。

（三）以校企共研共创，提升专业及课程数字化实训环境建设

高职大数据与会计专业的实践教学活动，应以培养岗位职业能力为核心，兼顾毕业生就业时对职业资格证书的需求。高职大数据与会计专业的就业面向主要在中小企业，就业岗位主要包括出纳、会计核算、财务管理、管理会计等。课程体系首先要充分体现"以岗定课"，校内实训室的建设也要突出"课程"与就业"岗位"的融通并兼顾职业资格证书。高职院校应该积极探索产教融合、校企共建功能齐全、仿真性较高的校内实训基地，同时积极探索校外实习实训基地的建设路径，通过实训能够掌握更多的实际操作技能，有助于研究企业的真实财务状况，应对激烈的市场竞争，加强对财务和成本控制的管理，为今后的就业实习奠定坚实的基础。

（四）以校企共育共培，强化专业及课程师资队伍综合素养

按照湖南省高等职业学校机构编制标准，专任教师队伍考虑职称、年龄，形成合理的梯队结构。其中学生数与本专业专任教师数比例应达到20：1，双师素质教师占专任教师的比值应达到85%及以上，具有"1+X"证书培训资格的老师占比60%，老、中、青教师比为2：5：3，硕士及以上学位占比应为90%，高、中、初级职称占比为3：6：1。企业能够安排行业内具有丰富经验的导师参与课程实训讲授和课后指导，院校负责组织教师参与行业培训，提升教师的行业理论水平和实践能力。

第三节　数字化转型背景下管理会计人才培养目标

一、与时俱进专业能力

在教育数字化背景下，高职院校管理会计专业面临着新的变革与转型机遇。以信息技术、数字技术、人工智能为代表的新一轮技术革命催生了新产业、新业态、新模式，对高职院校管理会计的人才培养目标产生了重大而深远的影响。回归教育本质，明晰人才培养理念的重要性，教育的核心转向促进学生的全面发展。智能化财务软件替代了传统财务工作中人的烦琐的机械式劳动，核算型会计逐渐向管理型会计转型。高职院校应顺应市场需求，以优化课程体系为目标，更新课程内容、引

入新技术和跨学科知识以及增强实践教学。数字化转型促使人才培养目标的变革与转型，推动高职院校培养出更符合时代需求的管理会计人才，为教育领域的持续发展提供了新的思路和策略。

二、数智创新思维方式

基于数智时代背景，管理会计教师扮演着至关重要的角色。教师需与时俱进，紧跟时代的步伐，不断提升自身的专业能力，掌握主流的数字技术和财务系统的发展动态，以适应数字化时代的需求。同时，需要深入了解和明确管理会计专业人才在数字素养方面的具体要求，包括利用数据技术整合会计信息、高效处理数字信息的能力。另外，随着数字技术的广泛应用，管理会计人才数字素养培育的重要性凸显。财务软件在处理原始数据后生成的数据报表，并不能直接为企业管理者提供决策依据。为了充分发挥数据的价值，管理会计人员需要掌握财务数据分析方法，深入挖掘数据和报表中的有效信息，以直观的方式反映企业的运营状况，为企业的运营活动提供坚实的数据支持。因此，管理会计专业人才的培养除了注重数字素养的提升外，还应特别关注决策分析能力的培养，为企业的价值创造提供有力保障。

三、业财融合协作精神

"业财融合"具体指的是公司内部的业务部门和财务部门通过配合合作、消除信息壁垒，以此来提高战略规划、经营决策制定、绩效评价等工作能力，从而更好地优化企业资源配置，降低资金风险，为企业价值创造和稳定发展保驾护航。数字化转型强调了跨部门协作的重要性。在数字化时代，企业需要整合内外部资源，实现信息共享和协同工作。因此，管理会计人才需要与其他部门建立紧密的合作关系，需要具备良好的沟通能力和团队合作精神，能够协调各方利益，共同推动企业的数字化转型进程，保障财务工作的顺利开展。与此同时，新的管理会计活动正在与数字经济时代的技术价值观进行协调与碰撞，应加强财务共享服务，充分发挥管理会计的作用，利用信息化技术的优势，构建一套完善的财务共享服务系统，以进一步优化企业的业务处理流程与组织框架，提高业务处理流程的效率。

四、增值发展创新能力

首先，教育数字化是促进人才全面发展的必然要求，其不断引领着生产力的变革。以数字化赋能职业教育需要紧扣增值目标，发挥数字技术的倍增效应，为职业教育增值赋能。其次，数字化转型对管理会计人才的职业道德和责任心提出了更高的要求。管理会计人才需要严格遵守法律法规和职业道德规范，确保财务数据的准确性和安全性，并且积极履行社会责任，为企业和社会创造价值。最后，融合财务与业务活动，充分发挥管理会计的实践作用。通过将管理会计的工具方法、知识理念嵌入单位相关领域、层次、环节，以业务流程为基础，利用管理会计工具方法，将记录价值向创造价值拓展、从后台部门向业务前端拓展，从而推动财务工作转型升级。

第四节　产教融合重构管理会计人才的课程标准

一、校企共建课程方案

数字时代的到来，会计职能实现从传统的算账、记账、核账、报账向价值管理、资本运营、战略决策辅助等职能持续转型升级。财政部《会计改革与发展"十四五"规划纲要》强调，加强会计在经济管理和资源配置上的作用，体现管理会计的价值。会计行业面临着巨大的变革和挑战，传统的会计职能已经无法满足企业管理和决策的需求。因此，管理会计的课程教学也需顺应时代做出改变，构建集"岗位、课程、竞赛、证书和创新"于一体的新型教育模式。

（一）校企合作建设课程机制

成立课程共建工作小组，由企业和院校双方指定的负责人和教师组成，定期召开工作会议，推进课程建设，建立沟通协调机制，确保信息及时共享和反馈。

（二）专业及课程需求调研

企业提供行业需求分析报告，协助院校了解当前管理会计的实际需求。院校通过问卷调查、座谈会等方式收集学生对管理会计知识的需求。综合企业和学生的反馈，确定课程的教学目标和方向。

（三）课程具体内容开发

课程设置内容要瞄准岗位需求，了解企业管理会计岗位设置及职业技能标准，吸收新技术、新方法、新规范，明确产业需求，以岗定课。管理会计作为应用性很强的学科，在构建课程体系时应以实际应用为导向，课程内容应紧密结合岗位职能，通过实践操作和模拟决策，使学生能够真正理解和掌握管理会计的核心概念和方法，胜任岗位工作，在未来的职业生涯中灵活运用所学知识，解决实际问题。

在构建课程体系时，将会计类专业技术资格证书、职业技能等级和"1+X"证书纳入课程标准，遵循由易到难、循序渐进的原则，将"1+X"证书和职业技能培训模块对接课程体系和行业、企业证书评价标准，进行模块化课程改革，课程内容应涵盖"运营管理""预测分析""成本管控""经营决策""流程管控""业绩考评"等技能岗位模块，注重学生综合能力的培养。遵循"岗、课、赛、证"一体化设计，重构"融—营—控—评—创""五层次、递进式"模块化课程体系。积极开展校企合作，建立以职业技能实训为基础的课程体系，整合课程资源。教师应该结合课程特点及证书考核内容设立明确的学习目标，确保学生能够掌握必要的知识和技能，从而提高各类证书考试的通过率。将会计类专业技术资格证书、"1+X"证书要求的知识及技能点进行分析、解构并融入课程，鼓励学生参加证书考试，以此检验课程体系的科学性及有效性，优化课程改革方案。

（四）课程标准和教案编制

管理会计课程标准及知识体系应遵循国家颁布的管理会计基本指引和应用指引，充分结合我国管理会计的应用环境、会计活动和工具方法，紧紧围绕课程将理论与实践相结合，并紧扣岗位技能标准进行实践教学的设计。教师团队对专业技能现状和课程要求的适应性进行调查分析，完善课程标准的修订，创新岗课赛证一体化培养模式，重构课程教学内容。以真实的工作任务和职业技能点融合为基础，细化学生对技能认识与实践能力提升的难易程度，进行有梯度的任务设置。

（五）课程项目设计

设计与管理会计相关的实际项目，如财务报表分析、预算编制等。学生在企业指导下完成项目，提升解决实际问题的能力。项目成果作为学生实习评价的一部分，应增加实践性考核的比重。

（六）企业导师参与教学

企业选派有经验的企业导师参与课程教学，分享实战经验，并对学生的学习成果进行点评。企业导师负责实训内容的授课，提供专业指导和建议；组织学生参观企业，实地了解管理会计工作流程。

（七）学习考核评价

采用多元化考核方式，包括平时成绩、项目报告、期末考试等。企业参与学生的评价，根据项目表现给予实践成绩。定期评估课程效果，根据学生反馈和企业评价调整教学内容和方法。打造符合行业需求的管理会计课程，培养具备扎实理论基础和强大实践能力的人才。

二、管理会计课程标准

（一）课程信息

管理会计课程基本信息如表4-3所示。

表4-3　课程基本信息

课程名称	管理会计	课程代码		课时	理论	36
					实践	20
课程性质	专业基础课程	课程类型	专业必修课程	学分	3	
适用专业	大数据与会计	考核形式	考试	开设学期	3	
前导课程	"经济法基础""财务会计基础""出纳业务操作""财政金融基础"等		后续课程	"智慧税费申报与管理""财务大数据分析""智能财税实训""Excel财务应用""毕业设计（毕业项目综合训练）"等		
课程负责人			团队成员			
制订时间			修订时间			

（二）课程性质与任务

1. 课程性质

管理会计是一门将现代科学管理与会计相结合的综合性课程，是大数据与会计专业的一门专业基础课程。本课程的宗旨在于培养学生掌握现代管理的基本理论、基本知识和基本技能，掌握企业生产经济预测、决策的一般方法及其应用，掌握管理会计分析过去、控制现在、筹划未来的基本程序、基本内容和基本方法；引导学生构建系统化知识框架和技能体系，结合企业的具体环境和条件，为适用市场经济条件，强化企业内部经营管理，打下坚实的理论和业务基础；体现"传授知识与育人高度融合"的培养理念，将劳动精神、工匠精神、诚信为本和创新意识等有机融入教学内容，将职业素养贯穿教学全过程，培育具备数字化管理会计技术技能型人才。本课程的前置课程有："经济法基础""财务会计基础""出纳业务操作""财政金融基础"等，后续课程为"智慧税费申报与管理""财务大数据分析""智能财税实训""Excel财务应用""毕业设计（毕业项目综合训练）"等。

2. 课程任务

根据大数据与会计专业人才培养目标及岗位职业能力要求，参考会计专业技术资格考试大纲，设置管理会计课程。本课程以使学生掌握管理会计的基本内容和基本理论，学会在市场经济条件下和现代企业制度环境中，进一步加工和运用企业内部财务信息，预测经济前景，参与经营决策，规划经营方针，控制经营成本和考评责任业绩等基本程序、技能操作和基本方法为主要内容，每个学习项目根据管理会计岗位工作过程组织安排学习任务。

（三）课程目标

1. 素质目标

① 具备正确的学习态度，良好的自主学习能力和创新创业意识；② 具备不怕困难，勇克难关，自强不息的职业精神；③ 具备独立思维能力，数字素养、管理决策能力与团队沟通能力；④ 具备管理会计的准则意识、法律意识、安全意识和诚信意识；⑤ 具备脚踏实地、求真务实、严谨细致的工匠精神；⑥ 具备责任感、使命感与家国情怀，引导学生铭记使命与担当。

2. 知识目标

① 明晰管理会计的特点及与财务会计的区别与联系；② 了解成本性态分析和变动成本法的方法；③ 熟悉本量利分析的基本数学模型，预测分析的基本程序和方法；④ 掌握短期经营决策分析的各种方法；⑤ 熟悉成本控制的含义，掌握标准成本系统、作业成本法的方法及成本差异的计算；⑥ 懂得责任中心划分、责任评价的方法及内部转移价格的制定。

3. 能力目标

① 能够运用Python进行成本性态分析，运用回归直线法分解混合成本；② 能够综合运用成本预测方法，为企业做出科学的成本预测分析；③ 能够运用Python进行保本和保利分析、评价企业经营安全，绘制动态本量利关系图；④ 能够运用Python进行生产决策和定价决策分析，并呈现可视化图表；⑤ 能够运用Python查询资产负债表、利润表等，挖掘、测算和分析企业的财务数据，进行科学的成本管控、运营管理、决策分析和投融资管理，呈现可视化图表并出具决策咨询报告。

（四）课程结构与内容

根据"岗、课、赛、证"一体化要求，按照管理会计的岗位任务要求，有机融入数字化管理会计职业技能证书（职业资格证书）、"楚怡杯"湖南省职业院校技能竞赛"业财税融合暨大数据管理会计应用能力"赛项考核内容和标准，结合人才培养方案关于本课程的定位与学时分配，将课程内容重构为"融—营—控—评—创""五层次、递进式"模块化课程体系，课程内容组织为"融会贯通——管理会计认知""运营善析——运营管理与预测分析""控本擅策——成本管控与经营决策""评程品绩——流程管控与业绩考评""价值创造——管理会计在制造企业中的应用"。具体课程内容及素质、知识、能力目标见表4-4。

表 4-4 课程结构与内容一览表

模块	项目	课程内容 任务	教学目标 素质目标	知识目标	能力目标	建议学时	课赛证融通	课程思政、创新创业、校训精神融入
模块一 融会贯通——管理会计认知	项目一 认识管理会计	任务1：管理会计的特点；任务2：管理会计的职能目标；任务3：管理会计的基本内容	1.遵守管理会计从业人员职业道德 2.树立正确的价值观 3.把自身职业发展同社会公众利益相统一	1.了解管理会计的含义、形成与发展 2.掌握管理会计与财务会计的关系 3.明确管理会计的职能目标 4.理解管理会计的内容和特征 5.掌握管理会计工作的一般流程	1.能说明管理会计形成与发展的一般过程及其发展的动力 2.能够区分管理会计与财务会计的不同 3.形成管理思维，能够运用管理会计职能，进行简单的案例分析	4	数字化管理会计职业技能等级证书（初级、中级、高级）	家国情怀 道德观念 规范意识
模块二 运营筹析——运营管理与预测分析	项目一 运营管理	任务1：构建本量利分析模型；任务2：保本分析；任务3：保利分析；任务4：企业经营安全程度评价；任务5：动态本量利关系图绘制	1.自我学习能力 2.信息处理能力 3.大数据应用能力	1.掌握本量利分析的基本原理 2.掌握边际贡献计算方法 3.掌握企业保本量利分析的意义	1.能根据本量利分析的基本原理，进行本量利分析 2.能够进行际贡献分析 3.能够进行保利分析	16	数字化管理会计职业技能等级证书（中级）工作领域3：运营管理	社会责任 诚实守信 文化自信

表4-4（续）

课程内容			教学目标			建议学时	课赛证融通	课程思政、创新创业、校训精神融入
模块	项目	任务	素质目标	知识目标	能力目标			
模块三 擅控本管策——成本管控与经营决策	项目二 预测分析	任务6：预测分析认知 任务7：销售预测 任务8：利润预测 任务9：成本预测 任务10：资金需要量预测	1. 沟通协调能力 2. 解决问题能力	1. 掌握销售量和销售额的预测方法 2. 掌握利润的预测方法 3. 掌握成本的预测方法 4. 掌握资金需要量的预测方法	1. 能预测企业的销售量和销售额 2. 能预测企业的利润 3. 能预测企业的成本 4. 能预测企业的资金需要量			
	项目一 成本管控	任务1：成本性态分析 任务2：变动成本法	1. 成本管理能力 2. 数据分析能力	1. 掌握成本性态分析方法 2. 掌握贡献式利润表能和职能式利润表的结构及其编制方法 3. 掌握变动成本法相关内容	1. 能够进行成本性态分析 2. 能够编制贡献式利润表和职能式利润表 3. 能够说明全部成本法下和变动成本法产生的差异及产生的原因，并对其进行分析	16	数字化管理会计职业技能等级证书（中级）工作领域4：成本管理	创新创业 乡村振兴 科学决策
	项目三 经营决策	任务3：认识决策分析 任务4：经营决策分析 任务5：生产决策分析 任务6：定价决策分析	1. 决策能力 2. 创新创业意识	1. 了解经营决策中各类成本的概念 2. 掌握短期决策的方法 3. 掌握企业定价决策的方法	1. 能应用决策分析的常用方法进行生产决策 2. 能利用相关的方法进行定价决策 3. 能利用一定的方法进行存货决策和管理			

表4-4（续）

模块	课程内容		教学目标			建议学时	课赛证融通	课程思政、创新创业、校训精神融入
	项目	任务	素质目标	知识目标	能力目标			
模块四——流程管控与业绩考评	项目一——流程管控	任务1：认识标准成本系统 任务2：成本差异的计算与分析 任务3：成本差异的账务处理	1. 标准意识 2. 求真务实、严谨细致的能力	1. 掌握标准成本系统对成本差异进行计算与分析的方法 2. 掌握成本差异的账务处理方法	1. 能运用标准成本系统对成本差异进行计算与分析 2. 能对成本差异进行账务处理	16	数字化管理会计职业技能等级证书（初级）工作领域3：成本管控与数据分析	
	项目二——业绩考评	任务4：认识责任会计 任务5：责任中心的业绩考核 任务6：责任报告的编制 任务7：内部转移价格的制定 任务8：认识作业成本法 任务9：作业成本法的实施 任务10：作业成本法的评价	1. 科学考评能力 2. 责任感、使命感与家国情怀	1. 了解责任会计的产生及基本内容 2. 掌握责任报告的内容 3. 掌握内部定价的方法 4. 掌握作业成本法的基本理论 5. 掌握作业成本法原理及实施步骤 6. 了解作业成本会计的产生及基本内容 7. 掌握责任报告的内容 8. 掌握内部定价的方法	1. 能计算和分析不同作业中心的考核指标 2. 能根据实际情况对内部定价的方法进行分析和选择 3. 能够应用作业成本法计算、分析和比较成本 4. 能够根据作业成本法规划作业管理 5. 能够科学地评价作业成本法 6. 能运用责任会计的基本内容和原理，进行几种责任中心的设置		数字化管理会计职业技能等级证书（高级）工作领域3：绩效管理	精益求精 科技创新 文化传承

表4-4（续）

课程内容			教学目标			建议学时	课赛证融通	课程思政、创新创业、校训精神融入
模块	项目	任务	素质目标	知识目标	能力目标			
					7. 能计算和分析不同作业中心考核指标 8. 能实际运用责任会计方法编制责任报告 9. 能对内部定价的方法进行分析和选择			
模块五 价值创造——管理会计在制造企业中的应用	管理会计在制造企业中的应用	任务1：运营管理的技能实训 任务2：成本管理的技能实训 任务3：经营决策的技能实训 任务4：绩效管理的技能实训	1. 实践应用能力 2. 信息处理与沟通协调能力	1. 掌握运营管理的定义、工作流程及基本方法 2. 掌握成本性态分析的方法 3. 掌握经营决策分析的各种方法 4. 掌握绩效管理的关键绩效指标法、平衡计分卡等绩效管理方法的概念及应用	1. 能够运用本量利分析方法进行保本点、保利点预测以及安全边际分析 2. 能够正确区分企业发生的各项成本 3. 能够根据企业内外环境分析结果、确定战略方向，制定销售战略，并进一步制定经营决策 4. 能够根据预测和实际数据计算绩效值，进行差异分析	4	数字化管理会计职业技能等级证书（初级、中级、高级）	数智赋能 工匠精神 职业素养
学时合计							56	

（五）课程进程与安排

授课进程与安排如表4-5所示。

表4-5　授课进程与安排表

课程内容				建议学时		教学方法	授课时间	授课地点
模块	项目	任务	子任务	理论	实践			
模块一 融会贯通——管理会计认知	项目一 认知管理会计	任务1：管理会计的特点	1.1　传统管理会计阶段 1.2　现代管理会计阶段 1.3　战略管理会计阶段	1	0	讲授法	第3学期第1周	多媒体教室
		任务2：管理会计的职能与目标	2.1　管理会计的职能 2.2　管理会计的目标 2.3　管理会计的方法体系	1	0	讲授法 案例法	第3学期第1周	多媒体教室
		任务3：管理会计的基本内容	3.1　基本内容 3.2　管理会计的一般程序 3.3　管理会计与财务会计的关系 3.4　业财税融合在管理会计中的应用	2	0	讲授法 案例法	第3学期第1周	多媒体教室
模块二 运营善析——运营管理与预测分析	项目一 运营管理	任务1：构建本量利分析模型	1.1　本量利分析的含义与基本前提 1.2　本量利分析的基本内容 1.3　本量利分析的基本模型 1.4　本量利分析的相关概念	1	0	讲授法 讨论法	第3学期第2周	多媒体教室
		任务2：保本分析	2.1　保本分析的含义及计算模型 2.2　单一品种保本点的计算 2.3　多品种条件下保本点的计算	1	1	讲授法 练习法	第3学期第2周	多媒体教室
		任务3：保利分析	3.1　保利分析的意义 3.2　保利点的含义及确定	1	1	讲授法 练习法	第3学期第2周	多媒体教室
		任务4：企业经营安全程度评价	4.1　安全边际与安全边际率 4.2　保本点作业率	1	0	讲授法 演示法	第3学期第3周	多媒体教室

表4-5（续）

课程内容				建议学时		教学方法	授课时间	授课地点
模块	项目	任务	子任务	理论	实践			
		任务5：动态本量利关系图绘制	5.1 本量利关系图的绘制 5.2 本量利相关因素变动规律分析	0	1	讲授法 练习法	第3学期 第3周	多媒体教室
	项目二预测分析	任务6：预测分析认知	6.1 预测分析的意义 6.2 预测分析的方法	1	0	讲授法 启发法	第3学期 第3周	多媒体教室
		任务7：销售预测	7.1 销售预测的意义 7.2 销售预测的方法	1	1	讲授法 练习法	第3学期 第4周	多媒体教室
		任务8：利润预测	8.1 利润预测的意义 8.2 利润预测的方法	1	1	讲授法 练习法	第3学期 第4周	多媒体教室
		任务9：成本预测	9.1 成本预测的意义 9.2 成本预测的方法	1	1	讲授法 练习法	第3学期 第5周	多媒体教室
		任务10：资金需要量预测	10.1 资金需要量预测的意义 10.2 资金需要量预测的方法	1	1	讲授法 练习法	第3学期 第5周	多媒体教室
模块三控本擅策——成本管控与经营决策	项目一成本管控	任务1：成本性态分析	1.1 成本的含义 1.2 成本的分类 1.3 成本性态分析的方法	2	0	讲授法 启发法	第3学期 第6周	多媒体教室
		任务2：变动成本法	2.1 变动成本法概述 2.2 变动成本法与全部成本法的区别 2.3 两种方法计算的税前净利润产生差异的原因及互换 2.4 两种方法的评价	2	0	讲授法 讨论法	第3学期 第6周	多媒体教室
	项目二经营决策	任务3：认识决策分析	3.1 决策的概念及意义 3.2 决策的种类 3.3 决策分析的程序 3.4 经营决策分析中的成本概念	2	0	讲授法 案例法	第3学期 第7周	多媒体教室
		任务4：经营决策分析	4.1 经营决策分析的评价原则 4.2 经营决策分析的方法	2	0	讲授法 案例法	第3学期 第7周	多媒体教室

表4-5（续）

课程内容				建议学时		教学方法	授课时间	授课地点
模块	项目	任务	子任务	理论	实践			
		任务5：生产决策分析	5.1 生产对象的决策分析 5.2 生产工艺的决策分析 5.3 特殊价格追加订货的决策分析 5.4 产品加工程度的决策分析 5.5 亏损产品停产或转产的决策分析 5.6 零、部、配件取得方式决策分析	2	2	讲授法 练习法	第3学期 第8周	多媒体教室
		任务6：定价决策分析	6.1 定价决策分析 6.2 定价决策分析的步骤 6.3 定价决策分析的方法	2	2	讲授法 练习法	第3学期 第9周	多媒体教室
模块四 评程品绩——流程管控与业绩考评	项目一 流程管控	任务1：认识标准成本系统	1.1 标准成本系统的含义 1.2 标准成本的概念及其制定	1	0	讲授法 案例法	第3学期 第10周	多媒体教室
		任务2：成本差异的计算与分析	2.1 成本差异的种类 2.2 直接材料成本差异的计算与分析 2.3 直接人工成本差异的计算与分析 2.4 变动制造费用差异的计算与分析 2.5 固定制造费用差异的计算与分析	0	2	讲授法 练习法	第3学期 第10周	多媒体教室
		任务3：成本差异的账务处理	3.1 成本差异核算应设置的账户 3.2 标准成本会计的记账规则 3.3 期末成本差异的账务处理 3.4 成本差异管理的原则	1	1	讲授法 练习法	第3学期 第11周	多媒体教室
	项目二 业绩考评	任务4：认识责任会计	4.1 分权管理 4.2 责任会计的产生 4.3 责任会计与财务会计的关系 4.4 责任会计的基本内容	1	0	讲授法 案例法	第3学期 第11周	多媒体教室

表4-5（续）

模块	项目	任务	子任务	理论	实践	教学方法	授课时间	授课地点
			课程内容	**建议学时**				
		任务5：责任中心的业绩考核	5.1 成本中心 5.2 利润中心 5.3 投资中心	1	0	讲授法 练习法	第3学期 第11周	多媒体教室
		任务6：责任报告的编制	6.1 责任预算 6.2 责任报告及其编制	1	1	讲授法 练习法	第3学期 第12周	多媒体教室
		任务7：内部转移价格的制定	7.1 内部转移价格的含义 7.2 内部转移价格的类型	1	0	讲授法 讨论法	第3学期 第12周	多媒体教室
		任务8：认识作业成本法	8.1 作业成本法 8.2 作业成本法的原理 8.3 作业成本的概念体系	1	0	讲授法 练习法	第3学期 第12周	多媒体教室
		任务9：作业成本法的实施	9 作业成本法的实施步骤	2	1	讲授法 练习法	第3学期 第13周	多媒体教室
		任务10：作业成本法的评价	10.1 基于作业成本计算的作业管理法 10.2 作业成本法的实施条件	2	0	讲授法 案例法	第3学期 第13周	多媒体教室
模块五价值创造——管理会计在制造企业中的应用	管理会计在制造企业中的应用	任务1：运营管理的技能实训	1 运营管理综合实训	0	4	讲授法 练习法	第3学期 第14周	综合实训教室
		任务2：成本管理的技能实训	2 成本管理综合实训					
		任务3：经营决策的技能实训	3 经营决策综合实训					
		任务4：绩效管理的技能实训	4 绩效管理综合实训					
学时合计				36	20	56		

（六）学生考核及评价

为全面、综合地考核学生课程学习的情况，课程采用过程性评价、结果性评价、增值性评价相结合的方式，突出学生能力与素质的考核，开展全过程、多维度、多元化综合评价。本课程为考试课，为了促使教学目标达成，综合成绩评定时结合过程性评价和终结性评价，探索增值评价，促进学以致用。主要考核内容如下。

1. 过程性评价

过程性评价包含平时表现与课堂考核、综合过程考核两部分：

① 平时表现与课堂考核包括学生出勤、上课纪律、课堂参与度情况、课堂作业完成情况等；

② 综合过程考核指对全班学生同时实施的阶段性综合考核。

2. 结果性评价

建议本课程结果性评价采用理论与实操结合、闭卷方式，课程考核要与技能抽查标准与题库、"1+X"职业技能等级证书考核融合，覆盖理论知识、技能竞赛及素质要求等融合，有关操作程序按教务处相关规定执行。

3. 增值性评价

鼓励探索增值评价，结合课程特点，有以下增值性情况，例如：利用管理会计专业知识为企业提供决策咨询建议、参与企业社会实践活动表现优异、作品或事迹获得校级及以上媒体公开报道等。需要认定增值性评分的学生，需在学期结课前将佐证材料上传到"学习通"的增值评价作业。

4. 成绩评定

过程性评价占比50%，结果性评价占比40%，增值性评价占比10%。学生考核及评价内容、标准见表4-6。

表4-6　课程考核内容及标准一览表

考核类型	考核内容	考核方式	评价主体	分值比例	评价标准		
					优	良	合格
过程性评价	平时表现与课堂考核	视频观看占10%、测试和作业成绩占40%、章节考试占30%、讨论话题占5%、课堂表现占10%、考勤占5%	学生互评、教师评价、企业评价	5%	无无故旷课、早退现象；认真听课，善于思考和帮助同学解决问题，课后积极利用"学习通"进行学习，按时按质完成课堂任务，积极回答问题，参与主题讨论，可评为优秀	无无故旷课、早退现象；认真听课，积极操作，善于思考和帮助同学解决问题，课后积极利用"学习通"进行学习，基本完成课堂任务，积极回答问题，参与主题讨论，可评良好	无无故旷课、早退现象；认真听课，积极操作，善于思考和帮助同学解决问题，课后积极利用"学习通"进行学习，完成课堂任务，参与回答问题，主题讨论，可评合格

表4-6（续）

考核类型	考核内容	考核方式	评价主体	分值比例	评价标准		
					优	良	合格
综合过程考核项目一	业财税融合报告	学生互评、教师评价、企业评价	10%		熟练完成综合实训，善于思考与总结，手脑并用，团队合作意识强，具有家国情怀，可评为优秀	基本完成综合实训，善于思考与总结，有较强的团队合作意识，具有一定的家国情怀，可评为良好	能够完成综合实训，具有一定的团队合作意识，具有一定的家国情怀，可评为合格
综合过程考核项目二	运营与预测分析报告	学生互评、教师评价、企业评价	10%		熟练完成综合实训，善于思考与总结，手脑并用，团队合作意识强，具有家国情怀，可评为优秀	基本完成综合实训，善于思考与总结，有较强的团队合作意识，具有一定的家国情怀，可评为良好	能够完成综合实训，具有一定的团队合作意识，具有一定的家国情怀，可评为合格
综合过程考核项目三	成本与经营决策报告	学生互评、教师评价、企业评价	10%		熟练完成综合实训，善于思考与总结，手脑并用，团队合作意识强，具有家国情怀，可评为优秀	基本完成综合实训，善于思考与总结，有较强的团队合作意识，具有一定的家国情怀，可评为良好	能够完成综合实训，具有一定的团队合作意识，具有一定的家国情怀，可评为合格
综合过程考核项目四	流程与业绩评价报告	学生互评、教师评价、企业评价	10%		熟练完成综合实训，善于思考与总结，手脑并用，团队合作意识强，具有家国情怀，可评为优秀	基本完成综合实训，善于思考与总结，有较强的团队合作意识，具有一定的家国情怀，可评为良好	能够完成综合实训，具有一定的团队合作意识，具有一定的家国情怀，可评为合格

表4-6（续）

考核类型	考核内容	考核方式	评价主体	分值比例	评价标准		
					优	良	合格
	综合过程考核项目五	管理会计在制造企业中的应用实训	学生互评、教师评价、企业评价	5%	熟练完成综合实训，善于思考与总结，手脑并用，团队合作意识强，具有家国情怀，可评为优秀	基本完成综合实训，善于思考与总结，有较强的团队合作意识，具有一定的家国情怀，可评为良好	能够完成综合实训，具有一定的团队合作意识，具有一定的家国情怀，可评为合格
结果性评价	期末考试	线下统一闭卷笔试	教师评价	40%	85分以上，可评为优秀	70~85分，可评为良好	60~69分，可评为合格
增值性评价	管理会计企业服务、社会实践增值、参与第二课堂活动、实现课内学习增长	增值评价佐证材料	学生互评、教师评价、企业评价	10%	利用专业知识为企业提供决策咨询建议、参与企业社会实践活动表现优异、作品或事迹获得校级及以上媒体公开报道等，可评为优秀	利用专业知识为企业提供咨询建议、参与企业社会实践活动表现良好、作品或事迹获得校级报道等，可评为良好	利用专业知识为企业提供建议、参与企业社会实践活动、作品或事迹获得报道等，可评为合格

（七）教学实施与保障

1. 教学建议

（1）教学设计

管理会计课程共计56学时，其中理论课时36学时、实践课时20学时。依据专业人才培养方案，结合管理会计岗位职业技能要求，遵循学生认知规律，教学任务由浅入深、层层递进，在教学过程中，通过任务驱动、案例教学、小组讨论等方法培养学生的综合职业能力和职业素养。本课程内容以"项目式"的案例教学，支撑课程目标的实现。由于本课程实践应用性强，在提高课堂教学质量的基础上，对原有的课程设置的内容及实践环节进行了多方面的改革，积极探索信息化教学，新增Python在管理会计中的应用。

（2）教学方法

在教学方法与手段上，针对重难点知识，在参与式学习环节中采用案例导入教学法、模块分解教学法、翻转课堂教学法、任务驱动教学法、讨论教学法等方式开展课程教学活动。

（3）教学模式

教学实施过程采用项目任务式，形成以"成果为导向、学生为主体"的"线上+线下"混合教学模式。对接"1+X"《数字化管理会计》职业技能等级标准，通过案例视频、游戏竞技、企业导师点评等教学手段，借助"学习通"、专一网及Python平台，有效地开展案例讨论、分组任务、课堂互动、实训演练、成果展示、考核评价等教学活动。

（4）教学实施过程

基于大数据时代背景，针对课程理论性、应用性强的特点，针对重难点知识，采用教学分段、个性化学习方案、思政引领的教学思路，由浅入深、层层递进，设计课前在线学习、课中探究学习、课后拓展提升三阶段，开展课程教学活动。

① 课前在线学习。教师开展线上导学，在"学习通"上发布《预习任务清单》，包括观看微课、主题讨论和小测试。学生领取并完成任务，教师根据学生课前学习情况，按岗位分组，调整教学重难点。

② 课中探究学习。课中包括案例导入、知识讲解、实训演练、课堂小结。首先，导入相关案例，引发学生解决问题的愿望；其次，通过教师讲解夯实基础，理解知识重难点，培育精益求精的职业素养；再次，学生分组完成实训任务，用专业知识进行科学的决策分析，提高学生岗位实操技能，实现德技兼修的培养目标；最后，教师总结重难点及易错点，点评学生课堂各环节的表现，布置课后任务。

③ 课后拓展提升。对知识技能运用不熟练的同学，进一步优化课程学习效果；在实训中，没有获得满分的同学，对错题反复练习；对以上内容，均掌握较好的同学进行"1+X"数字化管理会计职业技能拓展练习。

2. 教师基本要求

专任教师应为"双师型"教师，有理想信念、有道德情操、有扎实学识、有仁爱之心；具有中级及以上相关专业职称；会计等相关专业本科及以上学历；具有丰富的专业知识，以及教学、科技服务能力；具有扎实的本专业相关理论功底和实践能力；具有一定的大数据应用能力；能在教学过程中融入课程思政。教师应具备高校教师资格、本专业领域有关证书、"1+X"数字化管理会计培训资格证书；懂大数据技术，会财务大数据分析，能指导学生参加省级以上专业技能竞赛；具有较强的信息化教学能力，能够开展课程教学改革、参加教学能力竞赛和参与学术研究；每5年累计不少于6个月的企业实践经历。

兼职教师主要从相关行业企业聘任，具有中级及以上相关专业职称，优先聘请行业内技术技能大师。要求应具备良好的思想政治素质、职业道德和工匠精神，具备扎实的专业知识和丰富的工作经验，能承担专业课程教学、实习实训指导和学生职业发展规划指导等教学任务。

3. 教学条件要求

（1）校内实训条件

实训设备必须基本满足课程日常教学，还需要对实训设备进行科学合理的管理和使用。校内实训条件基本要求见表4-7。

表4-7 校内实训条件基本要求

序号	实训项目	主要仪器设备		工位数	实训场所配置
		名称	数量		
1	管理会计综合实训室	管理会计综合实训室	3	55	每10平方米12台台式电脑（安装教学管理系统及会计综合实训软件），投屏软件、音响设备及相关实训用资料和工具每间教室55套。安装会计仿真实训平台、业财税融合"1+X"课证融通课程平台、"1+X"职业技能等级证书拓展资源
2	专一网新商科实理教一体化平台	专一网新商科实理教一体化平台	3	55	每10平方米12台台式电脑（安装教学管理系统及会计综合实训软件），投屏软件、音响设备及相关实训用资料和工具每间教室55套。安装仿真实训平台、业财税融合"1+X"课证融通课程平台、"1+X"职业技能等级证书拓展资源
3	Python软件	Python软件	3	55	每10平方米12台台式电脑（安装教学管理系统及会计综合实训软件），投屏软件、音响设备及相关实训用资料和工具每间教室55套，安装Python软件

（2）校外实训条件

具有稳定的校外实习实训基地。能够提供开展管理会计基础课程实训活动，实训设施齐备，实训岗位、实训指导教师确定，实训管理及实施规章制度齐全。能提供成本管理岗位、运营管理岗位、投融资管理岗位等相关实习岗位，能涵盖当前专业（产业）发展的主流业务（主流技术），可接纳一定规模的学生实习；能够配备相应数量指导教师对学生实习进行指导和管理；有保证实习生日常工作、学习、生活的规章制度，有安全、保险保障。校外实习实训基地配置与要求见表4-8。

表4-8　校外实习实训基地配置与要求

实验实训基地名称	功能 （实训实习项目）	设备要求	容量 （一次性容纳人数）
管理会计实训基地	大数据管理会计 业务操作	50个工位/间；大数据与会计 全真实训系统	50人

4. 教学资源基本要求

（1）教材选用与编写

教材建议选用张晓燕主编的《管理会计》（第六版），由大连理工大学出版社出版，该教材是"十三五"职业教育国家规划教材，于2021年12月出版，是新世纪高职高专教材编审委员会组编的会计专业系列规划教材之一。教材内容能满足正常教学需要，符合职业技能大赛业财税融合暨大数据管理会计赛项所用知识点。同时配合精品在线课程资源和线上教学平台实施教学，建议对接"1+X"《数字化管理会计》、"1+X"《业财税融合成本管控》、"1+X"《财税融合大数据投融资分析》职业技能等级标准，体现"岗课赛证"融通，具有较强的实用性和适用性。通过实例计算和案例分析，有助于学生掌握管理会计的原理与方法。教材附有多种类型习题，基本覆盖各章节的重点和难点，便于学生复习与自测。配套教学资源丰富，便于教师授课和学生有针对性地进行学习，教材内容与湖南信息职业技术学院教学标准相吻合。

（2）教学参考书推荐

周阅、丁增稳主编的《管理会计基础》（第2版），由高等教育出版社出版，该教材是"十四五"职业教育国家规划教材，于2021年1月出版。

（3）数字化教学资源

数字化教学资源见表4-9。

表4-9　数字化教学资源选用表

数字化教学资源名称	资源网站
《管理会计基础》省级精品在线课程	https://www.xueyinonline.com/detail/241493438

（八）质量管理

管理会计课程从教学实施和教学质量反馈两个环节着手提高教学质量。依据专业人才培养方案制定课程标准，依据课程标准编制授课计划，根据授课计划要求实施课程教学。课程标准、授课计划是课程实施的指导文件，对课程质量起到了关键作用，由二级学院院长、教学副院长检查审核。

在课程教学实施过程中，教师应认真备写教案，制作PPT、微课、动画，建设习题课、试题库、实训指导书等课程资源，应精心组织教学实施过程，合理安排课前和课后学习活动教学方法、教学手段、实习实训条件等。这些实施措施是课程质量的核心与保障，由质量管理处、教务处组织监督和检查。

对课程教学质量应进行诊断分析、及时反馈以提高教学质量。一是由二级学院组织学生和教师评教；二是到企业调研，了解毕业生对教学工作的满意度、用人单位对学生专业能力的满意度等，将意见反馈给教学管理部门及授课教师。授课教师应认真对待反馈意见，有针对性地采取措施，从而改进教学实施，提高课程质量。

第五章 管理会计数字化转型与企业价值创造实践应用案例

第一节 基于多维精益管理会计电力企业成本管控

在全球化和信息技术快速发展的当今时代，电力行业正经历着前所未有的挑战和机遇。在这样的背景下，传统的成本控制方法已难以满足企业的需求，迫切需要一种更为全面和灵活的成本管理方法来应对这些挑战。成本控制不仅仅关系到企业的经济效益，更是其持续发展和市场竞争力的关键。多维精益管理会计结合了传统会计和精益管理的优点，强调通过全面的价值流分析和持续的过程优化来提高效率和降低成本。随着环境保护意识的增强和可再生能源技术的发展，电力企业不仅要应对传统的成本控制问题，还要面临新的运营和市场挑战。通过案例分析，了解电力企业面临的主要问题，运用多维精益管理会计的工具和方法，赋能电力企业成本管控的优化。

一、多维精益管理会计概述

（一）多维精益管理会计的定义

1. 多维精益管理会计相关概念

多维精益管理会计是一种先进的管理会计方法，其结合了传统成本会计的精确性和精益管理的灵活性，以提高电网价值创造能力为核心目标，提升电力企业的成本效益和运营效率。与传统的会计方法相比，多维精益管理会计不仅关注成本的计算和分配，还着重于成本的减少和价值的增加。通过对企业流程的细致分析、识别和消除浪费，优化资源配置，从而实现成本的有效控制和业务流程的持续改进。这种方式强调跨部门的协作和沟通，确保所有相关方面在成本控制和流程优化中发挥作用。多维精益管理会计采用多维度的视角来审视成本，不仅考虑直接成本和间接成本，还包括时间、质量和客户满意度等一系列非财务指标。这使得企业能够从更全面的角度理解成本结构，促进更明智的决策制定。在竞争激烈的商业环境中，多维精益管理会计被视为一种有效的工具，能帮助企业实现持续成长和竞争优势。

2. 多维精益管理会计基本内容

一是以企业价值流入效益最大化作为核心；二是以避免企业铺张浪费及价值流出最小化作为目的；三是以多种会计思想和管理思想相结合为基础所构成的系统结构；四是以向企业或制造行业的发展提供支持作为最高目标。综上所述，多维精益管理会计的基本内容就是按照价值流进行成本核算、分析和管理。以价值流为核心，以提高企业生产效率为目标，综合运用价值流管理方法、作业管理法和目标成本法等方法，为电力企业提供有效的经营管理框架，是一种新型的管理会计模式。

3. 多维精益管理会计主要特征

多维精益管理会计主要可以归类为三个方面的特征。第一，精益生产。精益生产是降低成本、消除浪费的一种有效的生产管理方式。其以拉动需求为目的、以不断优化为核心，是以最少的投入获取成本和运作效益显著改善的一种生产管理模式。企业可以通过信息化技术，对生产线进行实时监控，收集生产线各个环节的数据，从而为精益生产提供有力的数据支持。第二，精益管理。在电力企业各类作业场景中深化应用，推进管理机制优化、业务创新提升和资源精准配置。第三，数字精益。应用数字工具进行固化与优化，以精益思想为基础，将价值创造过程分解为可数字化表示的业务单元，运用数字精益管理的方法，确保产品质量和提高效率。

（二）多维精益管理会计的原则

1. 多维精益管理会计核心原则

多维精益管理会计是一种集成了传统会计方法和精益管理理念的创新管理工具，旨在通过全面的成本控制和效率优化，提升企业的整体运营性能。这种方法的核心原则在于不断追求价值最大化，通过消除浪费来优化成本结构，强调对全公司范围内的流程进行全面审视，识别和削减不增加价值的活动，从而实现成本效益的最大化。有序推进多维精益管理会计的深化应用，以"业财融合、深化应用、巩固提升、创新创效、争先进位"为目标，利用多维精益数据资源推进电力企业的经营管理，推动财务数智化转型，助力企业提质增效。

2. 多维精益管理会计驱动因素

多维精益管理会计注重数据的透明度与可访问性，利用多维数据分析来深入理解电力企业的成本驱动因素，使管理决策更加精准和高效，这也是电力企业降低成本的重要手段。企业对价值的追求、信息技术的兴起与发展等，成为多维精益管理会计的主要驱动因素。自产生之日起，管理会计的核心目标就是围绕着价值创造，同时数智化技术的快速广泛使用，极大地驱动了多维精益管理会计的发展，以及会计信息核算、会计经营管理、会计智能决策、企业战略管理的会计工具、方法和技术在企业的应用和发展。

3. 多维精益管理会计有效方法

在实际应用中，多维精益管理会计依赖于跨部门的协作和信息共享，以确保各个环节之间的协调和一致性。这种方法不仅仅局限于财务部门，而是涉及企业的各个层面，包括生产、供应链、人力资源等，从而形成了一个整体的、高效运作的系统。通过持续的流程改进和价值流分析，企业能够更有效地管理其资源，从而提高竞争力。

二、电力企业成本管控中存在问题分析

（一）运维成本管理不够精细

1. 电力企业运维成本概念

运行阶段的维护成本是为保障电网企业在运营期内的正常运行而投入的成本，由固定部分的运维成本和可变部分的成本组成。电力行业的运维成本主要包括运行维护费、租赁费用、材料费用、设备修理费用、人工费用、安全保护费用、研发费用、发电成本、输电成本、配电成本、调度成本和其他管理类费用等。运维成本一般每年等额产生，属于资金时间价值中的年金。高运维成本是电力企业面临的一个复杂且多层面的挑战。这种高成本主要源于维护和运行庞大而复杂的基础设施，如发电站、输电网和配电系统等。这些设施需要定期维护和更新，以确保运行效率和安全性。

2. 电力企业成本管理方式

随着市场经济的快速发展，传统财务成本控制模式已无法满足电力行业的实际发展需求，部分电力企业成本管理精细化程度不高，存在着管理粗放、效率低下、职责落实不到位、预算编制不合理，以及缺乏成本控制的方法等问题。因此，电力企业应将成本管理融入预算制定、制度体系、业务流程、信息系统、绩效考评等各个环节中。

3. 综合因素对于成本影响

电力行业的特殊性要求极高的可靠性和服务质量，这意味着必须有备用系统和应急措施以防突发事件，这些措施同样增加了成本负担。再加上能源价格波动，尤其是对于依赖化石燃料的电厂，燃料成本的不确定性是导致运营成本不断上升的一个重要因素。环保法规的日益严格要求企业投入更多资金以减少污染和碳排放，这也是增加运营成本的另一个关键因素。所有这些因素综合作用，使得电力企业在维持运营效率和财务可持续性方面面临巨大压力。

（二）能源成本价格波动影响

1. 电力企业能源价格波动

电力企业在成本控制方面面临的一个主要问题是能源价格的波动，这对于依赖于购买燃料如煤炭、天然气或油品进行发电的企业尤为显著。能源市场的价格波动性是由多种因素造成的，包括政治动荡、供需变化、全球经济状况和环保政策等，这种不确定性使得电力企业在预算和成本规划方面面临困难。当能源价格上涨时，电力生产成本随之增加，但由于市场竞争和监管限制，企业可能无法立即通过提高电价来补偿这些额外成本。

2. 电力企业市场竞争和监管

2015年，相关文件明确提出"在全国范围内逐步形成竞争充分、开放有序、健康发展的市场体系"。2020年，中央提出"到2025年底前基本建成全国统一的电力交易组织体系"的目标。《关于加快建设全国统一电力市场体系的指导意见》指出"要健全多层次统一电力市场体系，加快建设国家电力市场，引导各层次电力市场协同运行、融合发展，推动形成多元竞争的电力市场格局"。电力市场需要有效的监管，以确保市场公平、透明和健康运行，并维护消费者的权益。有关部门应在制度中明确对电力市场的监督条款加大指导力度，对参与市场交易的各方实施管理，充分发挥市场自律和社会监督作用。

3. 电力企业风险管理决策

为对冲能源价格波动的风险，电力企业可能需要进行风险管理操作，如期货合约、金融工具的使用，也会产生成本。能源价格的波动性可能会影响企业在资产和技术投资上的长期决策，而这些决策常常基于对未来能源价格的预期。此外，企业在制定风险管理的决策时，应综合考虑安全风险、运营风险和法律风险等带来的影响。

（三）环境法规合规成本提高

1. 电力企业环境法规合规成本

中国力争2030年前实现碳达峰，2060年前实现碳中和。"双碳"目标的确定，给碳排放量大的电力行业带来严峻的挑战。新型能源的应用推动了能源电力从高碳向低碳转型，成为能源领域碳达峰、碳中和的关键支撑。电力企业在成本控制方面所面临的一大挑战是环境法规合规成本的增加。随着电力市场逐渐趋于完善，电力生产环境成本的问题得到了管理者的广泛重视，将环境成本科学纳入企业生产经营过程中，企业选择对环境进行投资时，意味着环境成本增加。

2. 电力企业污染与减排措施

随着全球对环境保护意识的增强和政策的收紧，电力行业被要求实施更严格的污染控制和减排措施。这意味着企业必须投入巨额的资金进行技术升级和设施改造，以符合排放标准和环境保护要求。此外，环境法规的快速变化和地区差异增加了合规的复杂性和不确定性，电力企业需要持续关注和适应新的法规要求。

3. 电力企业环保投资效益

合规成本的增加在短期内可能会压缩企业的利润空间，特别是对那些依赖传统高污染能源的电厂来说，转型的压力和成本的增加尤为显著。长期而言，虽然环保投资可以带来运营效率的提升和新的商业机会，如可再生能源项目，但在过渡期内，这些成本的增加对企业的财务状况和竞争力构成了挑战。

（四）新技术方面投资增长

1. 技术投资不断增加

电力企业在成本控制中面临的一个显著问题是技术方面的投资不断增加。随着技术进步和市场需求的变化，电力企业被迫升级现有设施，投资新技术以提高效率、减少排放、增强系统的可靠性和安全性。这些技术投资包括但不限于可再生能源技术（如风能和太阳能）、智能电网、电力存储系统、提高燃料效率和减少排放的先进技术。尽管这些投资有助于长期的可持续发展和运营效率提升，但往往需要巨额的初始资本支出，这将对企业的财务状况构成一定的压力。

2. 新增相关培训和人力成本

技术升级的同时还伴随着技能培训和人力资源调整的成本，员工需要接受新技术的培训，以提升技术业务知识和实际操作能力；另外，企业可能还需要招募具备新技能的高层次人才，这些技术投入的回报往往需要在很长一段时期后才会显现，因此短期内可能导致企业的运营成本的显著增加。

3. 投入与回报短期内不匹配

对于一些资金较为紧张的电力企业，如何在保持竞争力和适应技术变革的同时有效控制成本，成为亟待解决的难题。构建全寿命周期经济效益评估模型，分析电力系统的经济效益。电站的成本主要由建设成本、运维成本及退役成本构成。电网企业较高的建设成本与不完全的电力市场机制，使其在电力系统中发挥的作用与经济收益不匹配。因此，成本管控能够提高企业的产品竞争力、增加市场份额、提高经营效率、优化资源配置、增强抗风险能力，从而提升经济效益。

三、基于多维精益管理会计成本控制优化策略

（一）做好价值流分析规划实践

1. 价值流分析内涵

价值流分析是一种方法，旨在通过评估和优化现有价值流程来提高产品或服务

的价值和质量，从而提高生产效率。因此，全面的价值流分析是基于多维精益管理会计下，进行成本管控的关键环节。这一过程涉及对企业整体运营流程的深入审视，从原材料采购到最终产品交付每一环节，目的是识别并消除那些不增加价值的步骤。

2. 价值流分析作用

通过价值流分析，企业能够清晰地看到成本产生的每一个点，以及各个环节如何相互作用影响总体成本。这不仅包括直接成本，如材料和劳动力，还包括间接成本，如设备折旧和能源消耗。价值流分析的目的是揭示浪费的源头，无论是生产过程中的时间延误、过度的库存积累，还是效率低下的工作流程。通过对这些问题的识别和改进，可以显著减少浪费、提高操作效率，最终达到优化成本控制的目的。

3. 价值流分析实践

全面的价值流分析还有助于企业更好地理解和管理供应链，确保信息的透明度，从而使成本控制得更加精准和高效。在多维精益管理会计框架下，价值流分析是企业实现精益管理的有效途径，能够帮助企业构建更为精简和高效的运营模式，其主要通过以下步骤来实现：一是评估企业研发管理现状；二是引入管理工具；三是开展价值流分析；四是发现异常环节；五是进行改进与反馈。

（二）优化企业生产与运营流程

1. 优化企业运营流程

在基于多维精益管理会计的成本控制优化策略中，对生产和运营流程的优化是有效方式。这一过程涉及对企业的生产线、供应链管理以及日常运营进行全面的审查和改进，以提高效率和减少成本。生产流程的优化往往聚焦于简化操作，减少浪费，例如通过改进布局和流程来缩短生产周期，减少等待时间和运输距离等。

2. 加强企业库存管理

实施精细化的库存管理，确保物料供应与生产需求精准对接，可以显著降低过剩库存带来的财务负担。在运营管理方面，优化可能包括提升能源使用效率、采用更节能的设备和技术，以及优化设备维护计划以减少停机时间等。

3. 提升能源使用效率

通过引入先进的信息技术，如自动化控制系统和数据分析工具，企业可以更准确地监测和管理生产过程，从而识别和解决效率低下的环节。同时，强化员工培训和参与也是流程优化的关键部分，因为员工的专业技能直接影响操作的效率和质量。

（三）运用新技术赋能成本管控

1. 引进数字化技术

在基于多维精益管理会计的成本控制优化策略中，引进先进的技术和方法是重要保障。利用先进技术，将有助于企业提高成本控制的精确度和效率，例如人工智能、大数据分析、自动化和云计算等。企业能够更准确地收集和分析各项成本数据，从而发现成本节约的潜在领域。例如，自动化技术可以减少人工操作的需要，提高生产效率，同时减少由于人为错误导致的成本浪费。人工智能和大数据分析能够深入分析市场趋势、消费者行为以及内部运营数据，为成本控制决策提供支持。此外，云计算平台可以增强数据的可访问性和协作效率，使成本控制更加灵活和实时。

2. 财务与业务融合

"业财融合"具体指的是公司内部的业务部门和财务部门通过沟通和协作来提高战略规划、经营决策制定、绩效评价等工作能力，其核心在于业务和财务的协同与衔接。要将财务工作延伸到业务的全流程中，结合公司经营管理目标，将财务工作深入业务最前端，在业务实施过程中贯穿财务，强化过程控制和监督，有效促进"业财相融"。企业需要注意技术与现有业务流程的融合，确保技术实施能够真正带来效率提升和成本节约。

3. 成本分析决策报告

（1）决策咨询任务

成本管理的有效运用，可以使企业面临的财务风险有效降低，使整体经济效益获得相应的提升。结合电网公司的特点，以"业务活动、电压等级、资产类型、用户类别"作为四个成本管理核心维度，以此核心管理维度进行业财信息披露，满足成本管理核算与企业外部监管的需求，如表5-1所示。

表5-1 成本管理核心维度

核心维度	业财信息载体管理维度
业务活动	成本中心、大修项目、运检专项项目、营销成本项目
电压等级	大修项目、运检专项项目
资产类型	大修项目、运检专项项目
用户类别	营销成本性项目、营销收入

（2）决策分析过程

首先，在业务活动层次，建立业务活动分类体系，将公司输配电成本业务活动划分为检修、运行、营销、运营支持、企业管理等几大类别。记录输配电成本开支费用发生的业务环节，对各业务活动成本发生情况实现充分有效的披露。

其次，在电压等级层次，用于直接记录检修活动所属电压等级的价值信息，将全口径输配电成本按照电压等级反映和按照一定规则进行分摊。区分该等级下的电能类型，明确细化各电压等级的具体成本，便于进行相匹配的成本优化管理。

再次，在资产类型层次，用于直接记录检修活动所对应的资产设备类型的价值信息，针对输电资产的分类：架空输电线路、电缆输电线路、变电设备、配电线路及设备通信线路及设备。针对不同成本进行了解分析，进而明确维修成本具体发生动因和便于进行相应的成本管理，为经营决策提供参考支持。

最后，在用户类别层次，用于记录直接面向用户开展的各类营销活动的价值信息，涉及营销活动中的电能计量、供电服务、用电营业项目。成本侧终端用户类别划分为大工业、一般工商业及其他、农业生产、居民四类进行归集，另可设计地区区域用户类别划分。

（3）决策咨询报告

通过对核心维度的划分，对不同类别的成本有了明晰的掌握，为企业成本核算优化提供具体的方向指引，满足价值信息充分披露的要求，优化成本管理，如表5-2所示。

表5-2　维度划分

维度	类别
成本管理核心维度	业务活动
	电压等级
	资产类型
	用户类别
信息载体维度	成本中心
	项目类型/WBS
	工单/内部订单
	供应商
	客户
	采购订单
	银行账户
	伙伴利润中心
	融资合同及票据
	付款订单
信息规范管理维度	产品服务
	电能类型
	成本大类
	往来款项性质
	人工福利薪酬

表5-2（续）

维度	类别
信息规范管理维度	费用明细
	融资类型
	融资来源
	税率
	税项
	现金流量代码

（四）建立灵活预算管理体系

1. 建立预算管理体系

在基于多维精益管理会计的成本控制优化策略中，实施灵活的预算管理工作至关重要。在这个体系中，预算的制定是一个持续且动态的过程，不断适应市场变化、技术进步和企业战略的调整。这种方法突破了传统的、静态的预算制定模式，转而采用实时数据和先进的分析工具来指导预算的制定和调整。这样，企业可以在第一时间内识别和应对市场的变化，确保资源被分配到最需要的地方。

2. 强调跨部门的协作

在管理体系中还需要强调跨部门协作，确保预算计划综合反映了各部门的需求和整体企业战略。这种跨部门的沟通和合作帮助打破了信息孤岛，提高了整个组织的透明度和效率。

3. 及时评估调整预算

管理人员要不断审视预算执行的实际表现，与预设目标进行比较，并根据评估结果进行及时调整。这种方法不仅涵盖了对财务指标的评估，还包括对员工绩效、客户满意度等非财务指标的测算，以全面评价预算执行的成效。

综上所述，多维精益管理会计能有效帮助电力企业应对运维成本管理、能源价格波动、环境法规合规成本升高以及新技术投资增加等方面的挑战。通过全面的价值流分析、优化生产和运营流程、引入先进技术和灵活的预算管理等策略，电力企业可以有效地控制成本，提升运营效率，以应对日益复杂和竞争激烈的市场环境。

第二节　本量利助力服装企业运营管理转产的故事

随着市场环境的演变和消费者需求的日益个性化，服装企业正面临前所未有的挑战。传统服装行业常因产品同质化、销售渠道的局限性和库存积压等问题，限制了其增长潜力和市场份额。为了突破瓶颈，服装企业正积极寻求转型，围绕企业"跨界"转型生产口罩的案例，以"本量利分析"为任务，融入创新意识、劳动精神等思政要素，结合"SPOC+ARCS"教学模式，运用"351"等多种教学方法，形成以"教师为引导、学生为主体"的教学方式，引导学生成长。

一、项目建设背景

（一）社会调研

1. 行业基本情况

自改革开放以来，我国服装纺织业快速发展，在国家经济发展、解决就业问题、改善生活水平、产品出口创汇等方面，发挥着巨大的作用。随着市场环境的演变和消费者需求的日益个性化，纺织品企业的经营正面临前所未有的挑战。行业销量呈下降趋势，出口形势严峻，企业营收大幅下降。主要表现为：一是纺织行业成本增加，未能找到合适的解决途径。二是全球化市场竞争加剧，影响了订单量，企业信心受到打击。三是库存积压严重，现金流不充裕，企业投资意愿普遍不强。

2. 企业发展需求

随着互联网、云计算、人工智能和新型财务技术等发展，会计工作从财务核算向管理会计转型，从记账算账转向价值创造。目前我国管理会计人才的需求缺口巨大，管理会计人才缺口已经达到300万人，因此，财政部将管理会计列入会计改革发展的重点方向。《关于全面推进管理会计体系建设的指导意见》《会计改革与发展"十四五"规划纲要》等政策文件中明确了"全面深化管理会计应用、强化管理会计人才培养、建设有中国特色的管理会计体系"的总体目标。管理会计的有效应用可以增加服装企业经济效益、改善经营环境、提高市场竞争力，从而提高行业占有率，使服装企业得到蓬勃的发展。

3. 管理会计人才

纺织行业是中国重要的大工业化产业，纺织企业的管理会计人才培养，是建成中国特色管理会计体系的重要组成部分。随着市场的不断发展，逐渐影响到了人们的衣食住行，服装企业正面临着不同程度的挑战。在市场转型背景下，企业将所面临的困难转化为重视管理会计人才培养的内驱力。通过管理会计方法助力企业降本增利、转产寻找新的机遇、利用国家优惠政策、支撑企业管理决策等，促进"业财融合"与管理会计应用，提升企业市场竞争力。从校企合作共培高职管理会计人才入手，重构教学内容、优化教学设计、创新教学模式、共建教学资源、健全评价体系等，为管理会计人才培养制定切实可行的方案和策略。

（二）项目开发

1. 国家政策推动

首先，落实国家的优惠政策。国家分业态、分形式有序地推动纺织企业转型发展，以口罩、防护服和其他卫生消毒用纺织品出口为带动，提升中国产业用纺织品的全球市场占有率。其次，营造支持实体企业的良好营商环境。转型带来的是挑战，更蕴含着潜在的机遇，积极促进企业创新，助力实体经济有序发展。最后，帮助企业全方位地防范风险。帮助企业将管理渗透进入企业文化，培养职业院校高素质管理会计人才，为企业的经营决策制定发挥积极的作用。

2. 企业转型发展

随着新一代信息技术发展与人民生活质量的提升，服装制造企业正在由单纯的制造环节向先进制造和现代服务融合的方向发展。使得更多的企业认识到信息化、数字化、智能化转型的重要性。如何从找准企业定位、降低营运成本、实现精益管理、提升企业竞争力、建立线上线下平台等多方面入手，提高企业的生产和经营效率，成为企业关注的焦点和数字化转型的基石。

3. 管理工具应用

随着经营成本的普遍上升，企业纷纷采取多种成本费用控制措施，旨在通过降低成本支出，提升经济效益。利用管理会计中营运管理领域的工具，一般包括本量利分析、敏感性分析、边际分析和标杆管理等，实现降本增效、科学营运。通过营运管理的工具和方法，企业可以根据业务特点和管理需要，制定应用营运管理工具方法的程序，以更好地实现营运管理目标。同时，营运管理也可以与其他管理会计工具相互结合使用，共同形成合力。

二、项目内容构建

（一）目标融通

1. 学情调研

学生已经学习的模块，对管理会计有基本认知，熟悉成本性态与变动成本法，对成本、业务量、利润等概念较为熟悉。认知与实践能力：从线上数据来看，学生对信息化的学习方式接受程度较好，视频学习完成率较高。学生能够掌握理论知识，但运用时普遍存在数据考虑不全面、逻辑分析能力较弱等现象。对本量利分析概念模糊，不能灵活地应用于解决企业转产口罩的实际问题，根据本量利分析基本模型进行利润的预测存在误差，需要进一步加强对校企合作真实案例的实践应用能力。根据问卷调查，70%的学生认为自己学有余力，对课程有兴趣，善于自主学习探究；20%的学生自信心不足，学习主动性一般，存在较大的进步空间；还有10%的学生感觉自己基础薄弱，技能点较难，勉强跟上教学进度。基于学情分析，学生存在愿意学习，但基础薄弱，学习主动性有待提高等问题，需要因材施教，引导学生成长。

2. 三维目标

根据学情分析和管理会计岗位核心能力需求，明确三维教学目标，通过教学实施，满足学生们对知识目标、能力目标和素质目标的储备和应用。知识目标：掌握本量利分析的基本原理、边际贡献和企业本量利分析的意义；能力目标：能根据本量利分析的基本原理，进行本量利分析，能够进行保本分析与保利分析；素质目标：自主学习能力和创新意识、家国情怀与劳动精神，手脑并用、精益求精的工匠精神，独立思考能力、沟通能力和团队合作，具备良好的会计职业道德品格。基于会计专业人才培养方案、课程标准，结合企业转产口罩实际情况，将如何进行本量利的计算与分析确定为教学重点，将运用本量利分析方法，综合考虑各部门数据，为企业制定合理的决策分析，并理解本量利之间的相关逻辑性等确定教学难点。

3. 思政融入

以管理会计营运管理工作任务为载体，项目围绕纺织行业中服装企业"跨界"转产口罩案例。通过学习本量利分析，将明本知利、保本转型、降本增利与家国情怀、劳动精神有机融入教学全过程，助力企业降本增利，助推社会经济的可持续发展。教师团队与企业导师反复研讨筛选素材，充分结合教学特点，瞄准学生思想共鸣点、情感触发点，讲出有时事温度、理论效度和价值深度的企业转型故事。引导学生领悟家国情怀、劳动观念、工匠精神、创新意识、职业素养等，让新时代青年与祖国共成长。

（二）过程融通

1. 教学内容共建

学院与服装企业围绕"降本增利、科学预测"案例，开展了教学内容共建和教学案例提炼。服装企业调整营运管理目标，跨界转产口罩及医用防护服。服装企业"跨界"生产，为的是什么？为了跑出中国制造的加速度，为了全国上下，齐心协力、共促发展。体现了企业强烈的社会责任感和中国人的创新意识和劳动精神，也体现了"三牛精神"即为民服务孺子牛、创新发展拓荒牛、艰苦奋斗老黄牛精神，对当代大学生有深刻的启示。通过学习，解决了企业转产过程中的实际问题和困难，帮助企业转型，助推社会经济的可持续发展。

2. 教学资源共享

随着信息技术的迅速发展和互联网的普及，管理会计数字化已成为当今社会的一项重要资源。数字化可以帮助企业从海量的财务数据中发现模式、趋势和价值，为管理决策提供全面、准确的信息支持。与企业共同研发教学及资源共享平台，基于实训教学资源，建设紧密对接本量利分析的实践和教学内容。通过校企教学资源共享，学生可以分析和解决企业真实案例，提升决策分析和问题解决的能力，在复杂的管理会计应用环境中做出精准决策，从而为地区培养更多具备专业技能的高职管理会计人才。

3. 教学团队共育

校企共育教学团队，形成"融合共育·融通成长·融贯评价"机制，努力打造一支德才兼备的高质量"双师型"师资队伍。采用校企双元育人，教师在教中学、在学中成长。通过信息化手段管理教学过程，将抢答、讨论、分组任务、随堂测验、问卷调查、企业导师连线等穿插于教学中，教师信息化教学素养大幅提高。结合时代热点，创新教学与实训模式，与时俱进地更新专业知识，提高教研科研能力。以理实一体化教学环境为支撑，保障学生学习效果和实施成效，提升教师管理能力，突破重难点，创设互动合作的课堂环境。

（三）考核融通

1. 对接标准化

采用线上线下相结合的过程评价，运用学习通设置评分标准，导出 Excel 表格汇总统计，实现可评可测的教学考核学习通线上评分：课程视频、课程测验、作业、考试、访问数、签到、课程互动，由学习通自动记录评分，并进行加权计算；学习通线下评分：专一网实训成绩由教师从平台导出，管理提升环节自评、互评取平均分，依次按照15%、15%比例加权计算。增值性评价：学生主动服务社会，解决企业转产过程中的困难，帮助企业尽快达产达效。

2. 过程多元化

在教学过程中，实施多元化的教学评价包含评价主体的多样性、评价目标的多维性和评价内容的全面性，是一种综合性的教学评价方式。首先，构建多元化的评价主体，包括政府、学校、企业以及学生等多方参与。其次，设计全面、完善和系统的评价指标。这些指标能够更全面地涵盖教学质量、学生能力等方面及企业的实际需求和发展状况。最后，建立有效的反馈与改进机制，加强沟通与协作措施，从而确保评价工作的持续性和有效性，促进校企合作的深入发展，有效提升教育教学质量。

3. 结果智能化

平台后台数据管理系统是一套将计算机技术、网络技术以及数据库技术等有机地结合起来的信息化、流程化的管理系统，主要包含智能管理和即时反馈功能。根据学生的学习记录自动分析其学习进度、学习成绩等，结合测评、评价数据进行分析后生成多维度报告，包含实训分析报告、技能测评报告、综合能力报告等。通过信息化平台，教师可以对自己班级内所有学生的学习情况进行查看分析，实现对教学过程、教学质量、教学结果的全程数字化监管、数字化评价，以自动汇总并生成符合规范的数据报表为目标，打造"以学习者为中心"的动态闭环教学链路，实现对考核结果的智能化管理。

三、项目育人成效

（一）教学设计

1. 教学策略

采用"SPOC+ARCS"启发式教学模式，以学生为中心、成果为导向，实施线上线下混合教学模式，结合"351"教学策略。即3层次：基础层、巩固层和拓展层。遵循知识与技能的学习规律，从认知出发，夯实基础，提升技能。5步骤：教学过程分为5个步骤，通过对教学任务设计不同的教学环节，实现"入、懂、熟、明、通"。核心：德育。包括课程思政、会计职业道德与职业素养。体现"学中做、做中学、以学带做、以做促学"的教学要求，贯彻"所教即所需，所学即所用"的教学理念，实现"传授知识与育人高度融合"的教学目标。

营运管理模块建设有"明本知利——本量利分析认知""保本转型——保本分析""降本增利——保利分析""安全经营——企业经营安全程度评价""保盈守成——本量利关系图的绘制"等教学内容。

2. 教学手段

在教学方法与手段上，采用案例、翻转课堂、角色扮演、任务驱动、小组竞赛等方式，通过企业转产口罩视频播放、连线企业专家等手段，运用学习通平台有效完成案例讨论、课堂互动、随堂测验、作业展示、考核评价等教学活动。

3. 教学环境

充分结合信息化教学资源，运用于课前、课中、课后全过程，创设互动合作的课堂环境。以理实一体化教学环境为支撑，运用实训平台进行"本量利分析"管理会计岗位实训，结合"1+X"数字化管理会计资源，运用Excel、学习通、问卷星、微信等信息化工具。

（二）教学实施

1. 课前在线学习

教学精心设计课前在线学习、课中探究学习、课后拓展提升三个层次，下面以《降本增利——保利分析》任务为例，展示教学实施流程。采用"SPOC+ARCS"教学模式，学习通发布在线学习资源、预习任务清单、讨论和测试。由学生领取并完成相关任务。教师分析学生课前学习情况，进行分组，调整教学重难点。

2. 课中探究学习

环节1：以案设疑（A注意策略——探究唤醒）。课堂思政：目前口罩成为较为紧缺物资，企业转产口罩，体现了社会责任与家国情怀。在保本前提下，寻求降本增利、实现目标利润的方法；前情回顾：对保利分析课前预习及测验情况进行点评；提问抢答：如何助力企业降本增利？

环节2：夯实基础（R切身性策略——熟悉）。回顾旧知：保利点的含义；单一品种保利点计算；探究新知：多品种保利点计算；思政融入：培养做笔记的好习惯，提出反复检查的要求，培育工匠精神。

环节3：业务演练（C自信策略——学习要求）。课堂实训：学生以小组为单位，利用专一网进行技能训练，平台自动评分；学生评述：抽取两组同学为代表，评述答案；教师点评：对两组学生的实训成果进行展示与评价。

环节4：管理提升（S满意策略——内部强化）。角色扮演：各组分别扮演销售部门、采购部门和生产部门。通过不同部门提交的方案，进一步分析变动成本、固定成本、单价对目标利润的影响；教师点评：以成果为导向，从方案的可行性、经济性等方面进行点评。

环节5：课程总结。教师总结重难点及易错点，点评学生课堂各环节的表现；分组竞赛任务：要求学生以小组为单位，完成实训案例。

3. 课后拓展提升

汇总与提炼学生方案，推送给企业专家点评，学生反思不足并加以改进；对于学有余力的同学，自主学习"1+X"拓展资源。

（三）实施效果

1. 决策咨询报告

（1）决策咨询任务

企业生产三个品种口罩，分别为A、B、C三种产品，固定成本总额6600元，其他资料如下：要求计算企业三种口罩的综合保本销售额和各种产品的保本销售额与保本销售量。

表5-3 企业三种口罩以及销售量、单价、单位变动成本情况

产品种类	A产品 PM2.5 防尘口罩	B产品 普通医用口罩 一次性医用儿童口罩	C产品 普通医用口罩 一次性医用成人口罩
预计销售量（件）	900	900	600
单价（元/件）	20	10	5
单位变动成本（元/件）	15	6	2

（2）决策分析过程

三种口罩的边际贡献率

$$A产品边际贡献率 = (p - b) / p = (20 - 15) \div 20 = 25\%$$

$$B产品边际贡献率 = (p - b) / p = (10 - 6) \div 10 = 40\%$$

$$C产品边际贡献率 = (p - b) / p = (5 - 2) \div 5 = 60\%$$

三种口罩的预计销售收入总额及销售结构

$$销售收入总额 = 900 \times 20 + 900 \times 10 + 600 \times 5 = 30000（元）$$

$$A产品的销售比重 = 900 \times 20 \div 30000 = 60\%$$

$$B产品的销售比重 = 900 \times 10 \div 30000 = 30\%$$

$$C产品的销售比重 = 600 \times 5 \div 30000 = 10\%$$

$$综合边际贡献率 = \sum 各种产品的边际贡献率 \times 该产品的销售比重$$

$$= 25\% \times 60\% + 40\% \times 30\% + 60\% \times 10\% = 33\%$$

计算综合保本销售额 = 固定成本总额/综合边际贡献 = $6600 \div 33\% = 20000$（元）

计算三种口罩的保本销售额与保本销售量

$$产品保本销售额 = 综合保本销售额 \times 各种产品的销售比重$$

$$A产品保本销售额 = 20000 \times 60\% = 12000（元）$$

$$B产品保本销售额 = 20000 \times 30\% = 6000（元）$$

$$C产品保本销售额 = 20000 \times 10\% = 2000（元）$$

$$A产品保本销售量 12000 \div 20 = 600（件）$$

$$B产品保本销售量 6000 \div 10 = 600（件）$$

$$C产品保本销售量 2000 \div 5 = 400（件）$$

（3）决策咨询报告

通过计算与分析：A产品需要销售600件才能达到保本，B产品需要销售600件才能达到保本，C产品需要销售400件才能达到保本。通过保本计算与分析，对于企业生产决策和经营具有重要作用。

2. 岗课赛证融通

以学生发展为中心，以培养德技并修的复合型人才为宗旨，紧跟社会人才需求变化，深化产教融合，推进"岗—课—赛—证"四位一体综合育人。学生职业能力增强，实现课岗、课证融通。"本量利分析"模块授课内容与"1+X"数字化管理会计等级证书中"营运管理"工作领域的技能标准相对接，课岗、课证融通得到有效实施。"本量利分析"模块内容对接技能抽考"跨岗位综合技能—模块五—管理会计"相关考点，通过模拟抽考本班100%达标。本模块学习为参赛选手在技能竞赛中获奖打下坚实基础，实现"以赛促学、以赛促教"。

3. 学生主体地位

以管理会计工作任务为载体、以成果为导向，学生主体地位充分显现。学生自主绘制动态本量利关系图，培养学生精益求精的工匠精神。融入企业转产口罩的案例，传承家国情怀、弘扬劳动精神、服务社会经济。采用选取学生汇报、设置督学组长等方式，适当调整课前任务数量，不断打磨与实验，持续思考与改进，让学生能真正深度参与到线上学习任务中，达成学生课前自学效果。根据不同任务，采用"强强联合"、"强弱搭配"或"各个击破"等分组方式，轮换学生角色，因材施教，进行动态调整。运用信息技术手段，设置个性化的考评方式，反映真实的学习效果。

4. 教管测评一体

以真实工作任务为载体，以成果为导向，融"教、管、测、评"为一体。在教学层面，结合教学目标与内容，设计富有启发性和实践性的教学活动，注重提升学生的综合素养，实现有趣课堂、有效课堂与有用课堂的结合；在管理层面，建立健全的管理制度，明确各部门的职责，保障教学环境的稳定；在测评层面，构建科学、全面的评价体系，采用多种评价方式和手段，建立信息管理系统、教学管理平台和在线评价系统，实现信息的实时更新和共享，注重信息化建设和各方面的沟通与协作，以全面提升教学质量和促进学生全面发展。

第三节　乡村振兴背景下茶叶生产企业经营决策分析

以新时代乡村振兴为背景，围绕大学毕业生小刘回乡创立茶园的故事，以大数据赋能茶园的短期经营决策。以学生在茶园开展的社会实践为依托，将创新创业、劳动精神和工匠精神等有机融入教学过程。对接岗位需求、专业人才培养方案、"1+X"职业技能等级标准、课程标准，形成以"成果为导向、学生为主体"的教学方式。

一、项目背景介绍

（一）基本信息

1. 建设背景

小刘是某校一名即将毕业的大学生，她看到新闻中国家正在推广发展乡村茶叶现代示范园，了解到发展茶产业既可提高茶农收入、振兴乡村经济，又可保护生态环境、发展旅游，还能提升文化内涵、唱响品牌。大学毕业生小刘家中祖传三代都是制茶师傅，自小受到家乡浓厚的茶文化熏陶。毕业后，她怀着对家乡和茶文化的热爱，秉着传承工匠精神的信念，毅然地选择了回乡创业。她积极响应国家"大众创新、万众创业"的政策，投入乡村振兴建设，在国家政策扶持、乡亲们的共同努力及家人的支持下，她带领茶农们辛勤劳作，"以茶兴业、以茶富民"，小小的一片叶子，致富了一方百姓，同时也把绿水青山好颜值转换成了金山银山好价值。

2. 项目介绍

茶园占地面积900亩，茶园所处地域气候温和、雨量充沛，特别适合茶树的生长。茶园主要生产加工优质绿茶、红茶等，生产出来的茶叶口感鲜爽甘醇，汤色嫩绿、明亮，受到消费者的喜爱。在国家政策扶持、乡亲们的共同努力及家人的支持下，目前茶园的运营较为稳定，不仅承载着大自然的馈赠，还包含着茶农们的辛勤劳作。

（二）企业经营可能出现问题

1. 问题及原因分析

小刘同学毕业后回到自己的家乡，带领茶农们勤劳致富，家乡的好茶成为茶农们增收致富的绿色银行。现在茶园正值采茶制茶的高峰期，但在经营过程中，茶园的运营成本一直居高不下，各项成本也逐渐上升，市场竞争日益激烈。针对产品加工程度的决策也有不同的说法，有些人认为应该直接出售初级毛茶，而另一些人则认为应该出售精品绿茶，获得更好的收益。小刘觉得乡亲们赚的都是血汗钱，非常不容易，她不愿意降低大家的收入，因此，想咨询如何更好地控制茶园的成本，同时为企业做出科学的经营决策。

2. 改进及解决思路

第一，要想解决小刘提出的成本管控问题，首先要进行成本性态分析。成本性态分析就是在成本性态分类的基础上，按照一定的程序、采用一定的方法，最终将全部成本进一步分解成变动成本和固定成本。只有明确了成本的性态，才能从本质入手，助力企业成本管控。

第二，通过茶园实践了解到毛茶既可以直接销售，也可以继续加工成精品绿茶再出售。加工后的价格会提高，但需要追加变动成本，有时还需追加专属固定成本，可以采用差量分析法进行决策。

二、项目教学过程

（一）教学设计

1. 教学目标

本项目的学习内容具有一定的难度，教学注重理论与实践相结合，旨在让学生通过学习能够掌握成本性态分析、变动成本法、贡献式利润表和职能式利润表的结构及编制、企业经营决策分析、数据分析和呈现可视化图表的方法等。

2. 教学内容

首先，教师组织学生参与社会实践活动，去到乡村茶园，同学们从采茶、制茶、品茶再到销售茶叶，全面地了解了茶园的经营流程。其次，通过大学毕业生小刘回乡创业，带领茶农们致富的案例故事，让学生们认识到，乡村要振兴人才是关键。近年来，越来越多的"80后""90后"，甚至"00后"大学生返乡当起了"新农人"，运用自己的专业知识为家乡贡献力量。最后，通过社会实践活动，学生们体验到劳动的艰辛与收获的喜悦，将创新创业、劳动精神和工匠精神等融入学习过程，同时将社会实践成果作为增值评价考核内容，鼓励学生更多地参与社会服务第二课堂，帮助企业解决经营过程中的实际问题。

（二）教学实施

以管理会计岗位工作任务为主线，通过设计"课前自主学习—课中合作探究—课后巩固强化"三个环节，实施教学流程。以大学毕业生小刘回乡创业为案例，以学生为中心，将信以处事贯穿教学全过程，培养学生创新创业，弘扬创新意识与劳动精神。产教融合引发求新意识，培养学生树立创新意识、劳动精神和服务乡村振兴的职业情怀。针对教学数据反馈，关注学生学习差异、因材施教，实现基础知识、实践能力与职业素养相融合的培养目标。

1. 课前自主学习

明确工作任务、岗位分工和任务时间点，通过学习任务内容，构建模块知识体系。教师在课程平台发布预习任务清单，包括观看微课视频、主题讨论、在线测验等。学生领取任务进行自主学习，达到"预定"分值才能进行课前自测，促进学生尽快熟悉基础知识和方法。教师收集和分析学生课前学习情况，调整教学策略，重点辅导前期成绩不理想的学生，提升其自主探究能力。

2. 课中合作探究

通过案例启发思考，引导学生讨论与探究。在创业过程中，小刘遇到了一些问题，茶园的运营费用一直居高不下，尤其是茶园的人工费和燃料费。在不降低茶农收入的情况下，如何能够降低茶园的成本？通过动画案例，完成模块案例任务，培育管理会计职业素养。围绕小刘在创业过程中遇到的实际问题，教师引导学生对茶园的产品进行成本性态分析与经营决策分析。完成课堂测验，教师调整教学策略。通过对知识点课前自测，综合评价较前导课程有大幅提升，知识目标有效达成。

强化思政引领，专业教学与育人相融合。以管理会计工作任务为驱动，学生运用大数据技术解决企业实际问题，将教学成果落地服务企业。以榜样力量激励学生树立人生目标；以真实感受引导学生体验劳动的艰辛与收获的喜悦；以前沿技术激发学生学习探索的热情，实现思政教育与专业学习有机融合。通过小组研讨、任务汇报等方式，发现学生课前学习中存在的疑惑，结合活页式教材、动画微课等手段开展教学，在课堂进行重点讲解，掌握理论知识，突破学习难点。学习过程中提出反复检查的要求，培养学生精益求精的工匠精神。各小组讨论工作流程、操作要点、任务分工，运用Python完成企业的实际任务，并出具科学的决策咨询报告，培养学生运用新技术解决实际问题的能力和严谨规范的职业素养。

评价与总结，促进知识内化与技能强化。根据评价标准，对学生的学习成果和技能规范性等要素实施"校、企、生"三方评价，并选取小组汇报展示。教师总结重难点，学生内化知识技能，完善学习成果。充分发挥评价导向功能，学生在"做中学、学中练"的学习环境中，实现技能与素养的双重提升。

3. 课后巩固强化

学生积累增值性评价积分，提升社会责任感。教师总结本次课程的重难点及易错点，帮助学生将碎片化知识点系统化。发布课后作业练习，依据学习通统计数据，对学生各环节表现进行点评。将课堂学生决策方案进行汇总与提炼，并推送给企业专家进行指导与点评；在线监督、检查与解答学生课后作业、进行"1+X"职业技能拓展训练，邀请竞赛获奖学生在线示范，通过榜样力量，培养学生"肯钻研""勤练习"的职业素养；鼓励学生服务企业、参与志愿服务等，关注学生课前课后成长，引导学生提升综合实践能力。

三、人才培养成效与创新

（一）学习效果

1. 学习方式转变

本课程培养学生以数据为驱动、以技术为支撑的数智思维能力，利用操作演示和游戏互动强化了学生规范意识与团队协作，通过方案设计与分析报告建立了成果转化反哺企业的有效机制，学生学习积极性明显提高，这种学习模式能够正向迁移到其他专业课程的学习中。通过课程学习，学生在劳动态度、工匠精神、诚实守信、职业素养等方面得到良好培养，素质目标有效达成。通过对知识点学习和效果自测，学生能够完成课程任务，并合理地安排线上学习时间和进度，积极参与各项课程学习活动，学习目标有效达成。

2. 职业能力提升

通过茶园真实案例开展实训，提升学生在管理会计岗位的综合应用能力。"成本管控与决策分析"内容对接"1+X"《业财税融合成本管控》职业技能等级证书初级"生产业务核算和销售业务核算"、中级"生产成本分析"、高级"决策管控"工作领域；对接"1+X"《数字化管理会计》等级证书中级"成本管理"工作领域。

通过基础、进阶任务训练，应用大数据解决企业任务，提高学生的实操成绩，达到岗位的相应职业能力要求。

3. 决策咨询报告

（1）决策咨询任务

茶园经常会面临出售半成品或完工产品的决策问题。不同的茶叶产品，所需要的生产工序不同。生产毛茶主要包括杀青、揉捻、干燥三道生产工序。制作精品绿茶还需要进行复火烘干和手工筛分。毛茶加工成精品绿茶后价格会提高，但需要追加变动成本，有时还需追加专属固定成本，这就需要通过差量分析法来进行决策。同时，判断半成品是直接出售还是进一步加工，需要结合茶园的具体情况来分析，确定加工的同时还需要考虑生产能力、生产线、生产技术、生产设备以及生产人员等综合因素的影响。

茶园生产毛茶，市场售价为63元/斤[①]，单位变动成本为22.53元/斤，年产量为90000斤。如果将毛茶进一步加工成精品绿茶再出售，则单价为125元/斤，加工成精品绿茶需另购置专用设备（价值45000元），并追加变动成本总额3131765.11元。茶厂具备将全部毛茶加工为精品绿茶的能力，且生产能力无法转移，毛茶与精品绿茶的投入产出比为1∶1。要求：做出毛茶是否需要进一步加工的决策分析。

茶叶生产的差量分析见表5-4。

表5-4 差量分析表

精品绿茶	毛茶	差量
相关收入	相关收入	差量收入
相关成本	相关成本	差量成本
相关损益	相关损益	差量损益

当差量损益为0时，生产精品绿茶和毛茶，两种方案均可取；当差量损益>0时，将毛茶进一步加工为精品绿茶的方案较优；当差量损益小于0时，直接出售毛茶方案较优。

（2）决策分析过程

毛茶：差量收入 = 63 × 90000 = 5670000（元）；差量成本 = 0（元）；差量损益 = 63 × 90000 − 0 = 5670000（元）

精品绿茶：差量收入 = 125 × 90000 = 11250000（元）；差量成本 3131765.11 + 45000 = 3176765.11（元）；差量损益 = 11250000 − 3176765.11 = 8073234.89（元）

（3）决策咨询报告

上述分析表明，对茶叶产品是否进一步加工，采取的是差量分析法。表5-5

---

① 1斤 = 0.5千克。

中，差量收入增加5580000.00元，差量成本增加3176765.11元。可以看出当差量损益>0时，选择将毛茶进一步加工为精品绿茶的方案较优。因为，进一步精加为精品绿茶比直接出售的毛茶的方案可多获利2403234.89元。因此，进一步加工后再出售比较有利。

表5-5 差量分析表决策方案

单元：元

项目	精品绿茶	毛茶	差量
收入	11250000.00	5670000.00	5580000.00
成本	3176765.11	0	3176765.11
损益	8073234.89	5670000.00	2403234.89

（二）特色创新

1. 聚焦专业升级，服务区域经济

随着大数据与人工智能技术的发展，提升了管理会计的实践应用性。课程教学应用新技术，通过大数据方式建立"用数据说话、用数据决策、用数据管理、用数据创新"的机制，实现基于大数据的科学管控与决策。通过学习，学生的实践操作能力提升，创新能力与信息化素养不断提高，运用自己的专业知识，解决了毕业生在创业过程中遇到的实际问题，服务乡村振兴与区域经济发展。

2. 深化校企融合，落实"三教"改革

推动"岗—课—赛—证融通"综合育人，校企共建业财税融合"1+X"课证融通创新示范课程，推进"1+X"证书制度试点，所学内容为学生在技能竞赛中获奖打下坚实的基础。课程团队创新教学模式，充分利用信息技术，构建以教材线下教学为主，精品在线课程、专业案例库、教学平台等线上资源为辅的教学体系，更新专业知识、提升教科研水平，既能满足基本教学需要，又能满足学生个性化、多样化发展需求。

第四节　大数据管理会计助力茶油企业投融资管理

党的二十大报告提出，要坚持教育优先发展、科技自立自强、人才引领驱动，加快建设教育强国、科技强国、人才强国。乡村作为国家的根基，需要实施科教兴国战略加强人才建设，为实现乡村振兴提供坚强有力的保障。职业教育要在积极服务乡村振兴战略上主动作为，加强数字技术与农业深度融合，推动农业数字化转型升级，提升服务地方经济发展的能力。湖南信息职业技术学院扎根雷锋家乡办大学，将"雷锋家乡学雷锋"作为立德树人的重要抓手，将服务乡村振兴和专业

教育相结合。主动对接国家茶油工程研究中心科研平台，以专业技能服务全国茶油产业重点企业，与企业共建智慧财经虚拟仿真实训基地，结合企业管理真实工作任务、"1+X"职业技能等级标准，运用大数据赋能企业投融资管理。通过"政、行、校、企"多方联动、协同创新，构建"校内+企业"双导师人才共育模式，全面提升人才培养质量。

一、案例概述

（一）案例背景

依托数字赋能为兴村共富添智提质，以大数据、云计算、区块链、人工智能为代表的数智化创新技术正加速与农业深度融合。近年来，国家将茶油产业定位为保障国家油料战略安全和促进乡村振兴的重点产业。湖南省是全国茶油第一大省，茶油产业系列成果先后获国家级科技进步二等奖、省级科技进步一等奖。课程团队发挥专业优势，立足乡村资源优势和茶油产业，推动职业院校乡村振兴育人工作。

（二）企业咨询

湖南省内茶油龙头企业向学院发来业务咨询，管理会计授课团队以此为契机，构建模块教学案例。该企业在投资创业初期，公司业务量非常小。一直到2014年，在政府的支持下，投资2.5亿元建设国内首家无人化茶油智慧工厂，年加工能力达2.4万吨茶油，年加工茶籽能力10万吨，年产值达40亿元。首创AI智能机器人交互式作业，应用领先技术，对茶油产业结构优化、茶油产业升级具有深远影响。但在经营过程中，随着茶油市场投资竞争的日益激烈，如何更好地制定投融资方案，成为困扰公司的一大难题。企业希望该院师生能够运用投融资管理的相关知识，通过大数据等新技术，赋能企业的稳步发展。

二、大数据技术融入教学的现状及问题分析

促进数字经济和实体经济深度融合，既是新一轮科技革命和产业变革的大势所趋，也是推动我国经济高质量发展的重要抓手。数字经济时代，面对新挑战、新机遇，有必要推动信息技术与传统会计和金融知识的深度融合，培养以行业发展和市场需求为导向，既通晓财务、金融业务知识，又具备较强的信息技术能力的人才。在推进大数据应用的进程中，面临着新的机遇，但同时也存在多个方面的问题和阻碍。

1. 教学内容更新滞后，未结合行业新发展

投融资是企业获取资金、扩大规模、提高竞争力的关键手段，能够确保企业的

稳健发展，对企业的重要性不言而喻。然而，在大数据时代，部分院校的教学内容仍然停留在过去的知识体系上，未能融入新模式、新规范、新技术和新工具等，以及没有保持教学内容的时效性和前瞻性，导致难以深入行业内部，专业能力与企业对人才的实际需求难以匹配。同时，教学内容还应该及时更新，引入新技术、新材料等相关内容，否则相关的政策、法规、技术和市场趋势都在不断变化，难以把握行业的发展趋势。

2. 理论与实践相脱节，缺乏足够实践环节

大数据投融资管理不仅要求理论知识，还需要实际操作能力。目前很多课程过于注重理论讲解，在课堂学习过程中，学生大多停留在理论知识的学习中。同时，部分院校现有的实训设备、软件工具和技术方法等无法满足现实需求，学生缺乏将理论知识转化为实际操作的能力，这无疑将影响学生日后在工作中的表现，使他们难以将理论知识应用到实际工作中。

3. 转型愿景不明确，教师综合素养有待提升

目前，一些从事该课程教学的教师可能缺乏大数据投融资领域的实践经验，这在一定程度上影响了教学效果。投融资管理作为一个价值创造的过程，需要统筹财务与业务一体化，运用大数据新技术，为企业创造价值。然而，部分教师自身的专业素养和实践能力难以胜任数字化的教学，未能及时引入前沿技术，且没有合理的培训机制，无法提升师资队伍的教学能力，从而无法更好地指导学生。

三、构建大数据赋能投融资管理案例

（一）课堂走进乡村，助推产教融合

1. 产教融合，助力乡村产业发展

以服务乡村茶油产业发展为立足点，将企业面临的投融资实际问题融入课程的教学内容中，以产业工作价值观设计教学项目任务，形成典型工作任务来充分弥补传统课堂与行业产业技能需求脱节的不足，培养学生硬技能的模式。当前，全面推进乡村振兴，确保中国人的饭碗牢牢端在自己手中，是国家发展的重点。山茶油被称为中国的"橄榄油"，已有长达2300年的食用历史，我国是世界上最大的茶油生产基地。目前，茶油已逐渐成为高端消费人群的食用首选，然而令人惋惜的是，由于茶树亩产低、茶油产业投资回报周期长等原因，导致茶油市场拓展和工业化进程非常缓慢。

2. 示范领学，弥补传统课程不足

该学院管理会计课程团队将课堂直接搬到了美丽的乡村茶园，在绿水青山中为学生们上了一堂乡村振兴"立体课"，将思政小课堂同社会大课堂结合起来。以思

政育人为引领，以"产、教、赛、创、培"五融合为契机，全面提高课堂的教学质量，把握契机、转变观念，积极探索构建有效课堂的教学模式。以大数据技术赋能企业投融资管理，解决乡村企业的经营困境，以会计专业知识服务乡村经济发展，持续强化实践育人实效，促进学生全面发展，更好地打造乡村振兴人才队伍。

3. 多维提升，强化教师数字素养

在数字化浪潮下，提升教师的数字素养显得尤为重要。这既关系到教师个人的专业成长，又直接关系到教育教学的质量与成效。通过校企共建师资团队，充分利用各自专业优势，开展丰富的专业化培训。教师应将所学的数字化新技能应用于实际教学中，构建真实案例，通过实践进行检验，在教学过程中不断反思和总结，并优化教学效果。教育技术和数字工具日新月异，教师应通过参加学术会议、阅读专业文献等方式，保持对行业动态和技术发展的敏锐关注，更好地适应数字化时代的教育需求。

4. 新技赋能，出具决策咨询报告

（1）决策咨询任务

公司茶油智能工厂二期项目正在筹备中，预计需要新建厂房、智能化生产线等，外部融资需要量共计2.36亿元。公司计划采用发行债券和股票的方式来筹集资金，目标资本结构为债务资本30%、权益资本70%。公司于2022年7月1日发行5年期债券，按年付息，到期还本，信用级别为AA+，且已无上市交易的债券。运用资本资产定价模型计算普通股资本成本率，普通贝塔系数为1.44。要求：运用大数据计算加权平均资本成本率；运用大数据平台工具采集企业债券和国债数据；运用Tushare工具采集年度收盘指数。

（2）决策分析过程

第一步：计算债券资本成本率。

公司于2022年7月1日发行5年期债券。通过大数据中心—证券数据—债券—企业债，收集到期日相近，且信用评级为AA+的5家企业债券数据，见表5-6。

表5-6　企业债券数据

证券代码	名称	到期收益率	期限（年）	发行日期	付息说明	到期日期	债券信用评级
127347	17昆水务	4.72%	10	2017/6/29	按年付息	2027/6/29	AA+
127348	17响水债	4.85%	10	2017/6/28	按年付息	2027/6/28	AA+
127350	20浙滨债	4.95%	7	2020/6/29	按年付息	2027/6/29	AA+
127353	20渝缙云	4.75%	7	2020/6/30	按年付息	2027/6/30	AA+
127381	22仪征债	4.93%	5	2022/1/8	按年付息	2027/7/3	AA+

通过搜索政府证券代码019721，收集到期日相近的国债数据。"17国债21"，

到期收益率为3.48%，期限为10年，到期日期为2027年6月28日，票面利率为3.55%。

将5家企业债券与政府债券的到期收益率作差，计算出风险补偿率平均值为1.36%，见表5-7。

表5-7 公司债券风险补偿率

AA+级公司债券				政府债券				公司债券风险补偿率
证券代码	名称	收益率	到期日期	证券代码	名称	收益率	到期日期	
127347	17昆水务	4.72%	2027/6/29	019721	17国债21	3.48%	2026/12/13	1.24%
127348	17响水债	4.85%	2027/6/28	019721	17国债21	3.48%	2026/12/13	1.37%
127350	20浙滨债	4.95%	2027/6/29	019721	17国债21	3.48%	2026/12/13	1.47%
127353	20渝缙云	4.75%	2027/6/30	019721	17国债21	3.48%	2026/12/13	1.27%
127381	22仪征债	4.93%	2027/7/3	019721	17国债21	3.48%	2026/12/13	1.45%
信用风险补偿率平均值								1.36%

公司债券税后资本成本率 =（同期限政府债券到期收益率 + 同评级公司债券平均信用风险补偿率）×（1 - 所得税税率）=（3.48% + 1.36%）×（1-25%）= 3.63%

第二步：计算普通股资本成本率。

计算无风险报酬率。通过大数据中心—证券数据—债券—债券国债，搜索2022年6月末10年期的国债数据。计算出10年期国债的平均值为3.52%，见表5-8。

表5-8 无风险报酬率

证券代码	名称	到期收益率	期限（年）	到期日期	票面利率
019532	16国债04	3.94%	10	2026-1-28	2.85%
019538	16国债10	3.95%	10	2026-5-5	2.90%
019002	10国债02	2.32%	10	2020-2-4	3.43%
019007	10国债07	2.62%	10	2020-3-25	3.36%
019012	10国债12	5.06%	10	2020-5-13	3.25%
019019	10国债19	3.11%	10	2020-6-24	3.41%
019024	10国债24	3.27%	10	2020-8-5	3.28%
019031	10国债31	3.57%	10	2020-9-16	3.29%
019034	10国债34	3.67%	10	2020-10-28	3.67%
019041	10国债41	3.77%	10	2020-12-16	3.77%
019102	11国债02	3.93%	10	2021-1-20	3.94%

表5-8（续）

证券代码	名称	到期收益率	期限（年）	到期日期	票面利率
019108	11国债08	3.43%	10	2021-3-17	3.83%
019115	11国债15	2.15%	10	2021-6-16	3.99%
019119	11国债19	3.63%	10	2021-8-18	3.93%
019124	11国债24	2.99%	10	2021-11-17	3.57%
019204	12国债04	4.03%	10	2022-2-23	3.51%
019209	12国债09	3.86%	10	2022-5-24	3.36%
019215	12国债15	3.90%	10	2022-8-23	3.39%
019721	17国债21	3.48%	10	2027-6-28	3.55%
019305	13国债05	3.58%	10	2023-2-21	3.52%
019311	13国债11	3.90%	10	2023-5-23	3.38%
019318	13国债18	3.57%	10	2023-8-22	4.08%
019551	16国债23	3.72%	10	2026-11-3	2.70%
019558	17国债04	3.40%	10	2027-2-9	3.40%
019564	17国债10	3.99%	10	2027-5-4	3.52%
019572	17国债18	3.96%	10	2027-8-3	3.59%
019580	17国债25	3.82%	10	2027-11-2	3.82%
019803	08国债03	4.05%	10	2018-3-20	4.07%
019810	08国债10	4.39%	10	2018-6-23	4.41%
019825	08国债25	3.80%	10	2018-12-15	2.90%
019903	09国债03	1.98%	10	2019-3-12	3.05%
019907	09国债07	3.02%	10	2019-5-7	3.02%
019912	09国债12	3.09%	10	2019-6-18	3.09%
019916	09国债16	3.46%	10	2019-7-23	3.48%
019923	09国债23	3.44%	10	2019-9-17	3.44%
019927	09国债27	3.68%	10	2019-11-5	3.68%
019405	14国债05	3.87%	10	2024-3-20	4.42%
019412	14国债12	2.79%	10	2024-6-19	4.00%
019421	14国债21	3.60%	10	2024-9-18	4.13%
019429	14国债29	3.77%	10	2024-12-18	3.77%

表5-8（续）

证券代码	名称	到期收益率	期限（年）	到期日期	票面利率
019505	15国债05	3.99%	10	2025-4-9	3.64%
019516	15国债16	4.11%	10	2025-7-16	3.51%
019523	15国债23	4.09%	10	2025-10-15	2.99%
019545	16国债17	1.08%	10	2026-8-4	2.74%
平均值		3.52%			

计算市场收益率。运用Python，通过Tushare采集上证指数的收盘指数。

运用几何平均法，计算出市场收益率为5.7%，见表5-9。

表5-9　市场收益率

指数代码	收盘日期	收盘指数
000001.SH	2021-06-30	3591.197
000001.SH	2020-06-30	2984.674
000001.SH	2019-06-28	2978.878
000001.SH	2018-06-29	2847.418
000001.SH	2017-06-30	3192.427
000001.SH	2016-06-30	2929.606
000001.SH	2015-06-30	4277.222
000001.SH	2014-06-30	2048.327
000001.SH	2013-06-28	1979.206
000001.SH	2012-06-29	2225.431
000001.SH	2011-06-30	2762.076
000001.SH	2010-06-30	2398.37
000001.SH	2009-06-30	2959.362
000001.SH	2008-06-30	2736.103
000001.SH	2007-06-29	3820.703
000001.SH	2006-06-30	1672.211
000001.SH	2005-06-30	1080.938
000001.SH	2004-06-30	1399.162

通过资本资产定价模型，$K_s = R_f + \beta (R_m - R_f) = 6.66\%$，计算出普通股资本成本

率等于6.66%。

（3）决策咨询报告

编制企业融资资本成本分析表，其中债务资本成本为3.63%，权益资本成本为6.66%；按照企业目标资本结构，加权资本成本率为5.75%，见表5-10。

表5-10 加权资本成本率

资本种类	个别资本成本	资本结构	加权平均资本成本
债务资本	3.63%	30%	1.09%
权益资本	6.66%	70%	4.66%
合计		100%	5.75%

（二）岗课赛证融合，创新育人模式

1. 以岗定标，教学目标体现行业前瞻

根据专业对应岗位的工作任务和核心能力，校行企协同制定课程标准，课程内容与工作岗位的典型任务对接，将行业发展的新技术、新工艺、新规范融入课程教学目标，体现课程与岗位的紧密衔接，体现人才培养的前瞻性。

投资管理目标包括能运用Tushare金融大数据中心接口包采集股票数据、国债利率、贷款基础利率等利率、行业发展状况、市场行情、投资、融资业务所需的相关数据，能将抓取的数据存储到指定位置并设置指定格式；能对数据进行一致性检查，将采集到的数据存储为Excel文件，按照技术规范要求客观分析、处理数据。具备业财税融合思维意识，了解投资工作业务流程；具有投资风险规范意识，熟悉投资相关政策及法律法规等。融资管理目标包括了解融资工作业务流程，具有投资风险规范意识；能从金融大数据中心准确采集国债利率、贷款基准利率、市场利率、债券利率等数据资料；能利用Python技术科学预测市场占有率，准确测算销售量和销售额，并测算销售增长额；能根据销售量和收入数据，正确运用销售比率法、高低点法、回归直线法测算总资金需要量；能根据增加的资金和企业内部可筹集资金，准确测算外部资金需要量；能根据采集的贷款基准利率，准确计算银行借款资本成本、债券成本、企业发行普通股和优先股成本；能利用企业内部数据，正确测算杠杆系数等。

2. 以课育人，课程设计融入育人理念

融入育人理念于课程设计之中，不仅是教育的基本任务，还是塑造学生品格、提升其综合素质的关键途径，注重课程内容在价值观方面的引导作用，采用多样化的教学方法和手段，使育人理念获得更好的实践成效。一是能够立足基础，严谨、细致、及时、准确地采集真实数据、记录数据和处理数据；二是不弄虚作假，不受

利益所惑，廉洁自律、客观公正；三是具备一定的现代信息技术应用能力和计算机应用能力；四是能够认真细致地核对数据，确保数据的准确性，培养精益求精的工匠精神；五是立足岗位，认真、细致、及时、准确地测算数据，具备数智思维和应用能力。

3. 以赛领课，教学过程推动"三教"改革

首先，依托技能竞赛促进课程内容与新理念、新技术、新工艺、新规范紧密对接，让学生在仿真演练和真实情境的模拟中提升专业技能。同时，技能竞赛在一定程度上也能激发教师的教学激情与探索热情，提升师资队伍的教学技艺和专业素养。其次，依托技能竞赛推动教法的创新。竞赛通常强调学生的实践能力、团队协作和创新思维等方面的培养。在教学过程中，需要更加灵活多变的教学方法，以更好地满足竞赛的要求，并全面培养学生的各项能力。最后，依托技能竞赛有助于教材的更新与升级。依据竞赛的需求与标准，教师对教材进行有针对性的修订与拓展，改变传统教材注重对知识的传递和技能的训练，忽视对学生创新思维和实践能力的培养，从而让教材内容更加贴近企业实际工作任务，更富有挑战性和创新性。

4. 以证验课，教学成果实现课证融通

实现课程学习与职业证书之间的深度融通。以证书考核作为可验证的专业培养能力，将"1+X"《大数据投融资管理》职业技能等级证书作为学校与行业企业共信共享的价值标准，检验学生对于投融资管理的学习效果。通过"课岗证赛"融通的课程体系与内容，共同推动新财务时代下的实践教学模式改革，提升人才的就业竞争力。在以证验课、实现课证融通的过程中，学生不仅需要掌握相关的知识和技能，还需要培养良好的心理素质、团队协作能力和创新思维等。因此，应积极探索和实践这一教学模式，提升学校的办学质量和综合实力，为产学研合作提供机会和平台，为培养更多高素质人才贡献力量。

（三）拓展教学舞台，教研科研共长

1. 突破传统的教学模式和空间束缚

实现教研与科研的协同发展，是现代教育进步的关键所在。学院需要为师生提供更广阔的学习和发展空间，包括利用现代信息技术手段，实现优质教育资源的共享。同时，还可以通过加强校际合作、校企合作等方式，拓展实践教学的渠道和形式，让学生在更广泛的社会环境中学习和成长。

2. 加强团队合作和资源共享

教师之间要加强交流与合作，共同应对教学中的挑战。要能顶住压力、激发动力、注重合力，从而使教学资源越来越丰富，教学方法越来越灵活，教学互动越来越精彩，教学成效越来越明显，由此教师的教学组织策划能力、信息化教学能力也得到了很大提升。同时，学校之间要加强校际合作，实现优质教育资源的共享，还

要积极与企业、社会机构等合作，拓展实践教学的途径和形式。

3. 开展教、科研交流和培训活动

一方面，通过教研活动，总结教学经验，推动教学改革与创新。教研旨在深入探索教学过程中的问题，提炼有效的教学方法；另一方面，通过科研活动，探索新的教育理念和教学模式，为教学提供新的思路和方向。科研则着眼于学科领域的前沿探索，推动学科的进步与发展。不断探索和实践新的教学模式和方法，加强教研与科研与教学实践的紧密结合，让研究成果更好地服务于教学，提升教育教学质量，促进学生的全面发展，推动教育事业的稳步前行。

4. 优化考核指标和评价体系

在评价指标方面，应注重多元化和全面性。这些指标应涵盖教学质量、科研成果、学术影响力、团队建设和社会服务等多个维度，全面、客观地反映教研科研活动的综合质量。在评价方法方面，采用定量与定性相结合的方式。通过统计数据和指标得分等定量手段，结合专家评审和同行评议等定性手段，对教师教学情况进行深入的分析与评价，从而构建出一套既科学又实用的教研科研评价体系，为教育事业的持续发展提供有力保障。

四、总结与反思

案例建设以"专业特色+行业新技"的优势形成了学校与乡村之间长效助农、兴农的联动效应。将"课程实践与乡情融合""专业实践与农情融合""创业实践与温情融合"，广泛传播乡村之美，精准助力乡村振兴。此外，海量的数据分析与准确的信息掌握是保障投融资实践的基础，要结合企业的实际情况及市场的变化，建立科学的管理制度，将风险管控落实到整个过程。同时要聚焦"胸怀天下"的爱国精神、"诚信为本"的立信精神和"敢为人先"的创新精神，助力企业经济效益、社会效益的统一实现，进一步巩固拓展全面乡村振兴的成果。

第五节　以价值创造引领装备制造企业绩效体系构建

基于新时代背景，依托新技术、新业态、新标准、新模式，对接"课程设置与岗位需求、课程内容与竞赛标准、课程任务与职业证书、课程思政与三全育人"，构建多维度协同化人才培养新模式。解决产业发展和专业设置不匹配，课程体系与企业需求难对接、工作任务和实践教学不对应、数字素养与培养规格难相融等问题。绩效评价是绩效管理的核心环节，其目的在于将原始数据转换为可使用的信息并对行动的效率和效果进行评估。以企业价值创造为目标，构建装备制造企业绩效

体系，在高素质应用型职业教育人才培养的实践中成效显著。

一、企业背景

（一）背景介绍

装备制造有限责任公司是一家新成立不久，总部设立在中国某市的通用设备制造型企业，主要从事工程机械的研发、制造、销售和服务。目前该企业以设计、生产和销售P1产品为主营业务。企业资金充裕、银行信誉良好，在本地市场有一定的销售基础。自成立以来，企业一直致力于倾听客户的需求，提供客户信赖和注重创新的技术与服务。随着市场决定资源分配的宏观环境日益稳定，为切实提高企业的经济效益，公司决定未来几年要致力于从传统生产型向生产经营型和开拓经营型企业转变。

企业意识到需要建立一套满足企业内部管理的规划、决策、控制和评价体系。如何评估关键业务因素形成长期和短期的规划？如何预测未来财务和运营资源及要求？如何为某一特定时期或项目进行全面预算？如何在经营过程中实现物料供应、产品生产和销售等环节的价值增值？如何预测、控制和分析运营过程中发生的成本？最终形成满足企业价值管理和决策支持需要的内部报告，已经成为企业迫切需要解决的问题。

（二）资金状况

企业目前拥有现金434万元、长期贷款400万元、应收账款980万元。其中长期贷款包含两项，分别是额度为200万元，账期为3年的长期贷款，需要在第3年年末有足够的资金偿还贷款本金；额度为200万元，账期为4年的长期贷款，需要在第4年年末有足够的资金偿还贷款本金。应收账款也包含两项，分别是额度为490万元，账期为2季度的应收账款，在第2季度收回资金；额度为490万元，账期为3季度的应收账款，在第3季度收回资金。

（三）产能状况

目前企业有A厂房，净值为64万元，已建立4条生产线（1条手工线、1条半自动线、1条全自动线和1条柔性线），A厂房第一车间手工线净值5万元、第二车间半自动线净值8万元、第三车间全自动线净值16万元、第四车间柔性线净值24万元，4条生产线均是在产状态，其中手工线的产品还需要2个季度，半自动线、全自动线和柔性线的产品已经处于最后生产周期。此外，企业最多可容纳3个厂房，现已安置A厂房，B和C厂房还未购买安置，B厂房可容纳3条生产线，C厂房可容纳1条生产线，企业最多可建立8条生产线。

（四）库存状况

目前企业有80件R1材料，价值400万元，每件R1材料单价为5万元；40件P1产品，价值400万元，P1产品单位成本为10万元。

二、构建企业绩效管理体系

（一）以战略为起点控制战术

在战略管理领域，企业可以根据战略方向、战略重点以及经营发展实际情况，选取关键指标、确定观测参数、建立"战略地图"。通过外部环境分析、战略分析与选择、战略制定和战略实施等方式开展战略管理。形成"战略管理—预算管理—投融资管理—运营管理—成本管理—绩效管理—风险管理—管理会计报告"的有效闭环。同时，加强5G规模发展、行业高质量发展等新形势下竞争规律的分析复盘和运营效能的总结评价，积累分析模型参数，及时进行战略预警纠偏。

（二）以标准为过程实施管理

在标准成本管理领域。加大降本增效力度，倡导"科学降本，重在增效"。企业组织推进网络、市场、支撑、管理等各条线的降本增效工作，强化精细管理，依靠技术革新，加快新工艺、新流程的应用，实现"要素+能力"的竞争优势重塑。例如吸收数据中心建设的先进经验，创新市电保障、机电建设、机房供电等模式，累计节约投资近3亿元。同时，通过模式变革促进内外合作，发挥资源整合与协同效应。对于投入密集型业务，整合外部资本力量和政府支持形成合力，引入多元化的合作主体，发挥经营杠杆作用，降低企业经营风险。

（三）以周期为目标验证成果

开展基于生命周期理论的管理会计系统设计与成果验证。通过多个周期，融合预测、计划、核算、管理、决策、分析等多个方面，观测企业内部的经营管理现状，发现可能存在的潜在问题，并运用管理会计的方法，分析并解决公司的实际难题。

三、制造企业动态自营案例

（一）厘清数据来龙去脉

在制造企业自营的动态环境中，明确绩效考核数据的流转路径尤为关键。不仅有助于企业精准评估员工的工作成效，还能为制定激励措施提供有力支撑。首先，确立明确的绩效考核标准与数据来源。根据企业的战略目标和业务特性，设定具体且可量化的考核标准。其次，构建完善的数据收集与处理机制。在数据处理过程中，进行有效的数据清洗和筛选，提取出与绩效考核紧密相关的信息。再次，还应对绩效考核数据进行深入分析。通过对比分析，了解员工在团队或行业中的表现和绩效的情况，从而深入剖析影响绩效的关键因素，为制定针对性的改进措施提供依据。最后，建立畅通的反馈与沟通渠道。员工可以及时了解自己的绩效考评情况，同时鼓励员工提出建议，这样有助于增强公司与员工之间的互信与合作，进而推动整体业绩的提升。

（二）构建绩效考评框架

自企业绩效考核体系建立以来，经过五年的发展，公司在投融资管理、产权管理、产业结构调整、全面预算管理、降本增效与精益管理、绩效管理、质量管理、人力资源管理、科技创新等方面的工作都取得了长足的进展，信息化水平不断提高、资金集中系统已经试点上线，全面风险管理、内控建设和评价均有序进行，公司对所属企业的管控能力不断增强，整体经营管理水平不断提升。

1. 绩效管理领域

推动省市企业协同共进，探索科学评估体系。在考核对象上，不仅考核市分公司，还考核省企业职能管理部门，推动省市企业强化协同、责任共担，增强管理谋划层的战略效能与策略有效性。借助平衡计分卡，改变以市场发展类指标为主导的考核体系，设计综合性量化目标体系，并探索高质量发展评估体系，实现薪酬与业绩有效挂钩，探索多元化的激励手段。

2. 平衡计分卡理论

战略制定除明确了财务目标外，还充分体现了对客户服务、产品标准的关注，同时制定《企业人力资源规划》，确立人才与集团企业共同成长的发展观；业绩考核作为战略落地的重要抓手，充分结合本企业的特点，在强调财务业绩的同时，特别注重科技业绩、安全生产、内部协同等方面的考核；建立了以全员业绩考核为统领，涵盖从集团到二级企业、三级企业，从高管人员、各部门到员工个人的多个考核制度的完整的考核体系，将考核目标层层分解和传递。

3. KPI 为建设主线

一是强化考核体系，根据调整后的战略规划，强化与战略规划相关的收入、利润等经营指标考核；二是建立考核范围覆盖集团企业全部人员的考核体系，将战略规划目标和战略措施有针对性地纳入个人业绩指标；三是根据考核管理办法，将企业发展规划中的利润总额、经济增加值、营业收入、科技创新投入等与战略实施相关的指标和工作任务纳入负责人考核指标。

4. 量化经济增加值

企业的考核体系以经济增加值为量化体现。企业积极探索完善经济增加值考核理念与方法，结合企业实际经营情况，较为有效地分解业绩考核指标，按照"权责利"相统一的要求，实现了企业负责人经营业绩同激励约束机制相结合，并以此作为职务任免的重要依据。

（三）绩效管理的分析报告

1. 决策咨询任务

根据实际执行结果计算绩效目标，对比的绩效预算目标和实际目标进行差异分析，控制经营风险。

2. 决策分析过程

企业业绩考核和评价系统是指为达到一定的目的，运用特定的指标，比照统一的标准，采取规定的方法，对经营业绩做出判断，并与激励结合的考评制度。主要分为两部分，一是企业整体层次的业绩考核，五年的长期战略业绩考核；二是企业分部业绩考核，财务维度、客户维度和内部流程维度目标业绩考核。

3. 决策咨询报告

以多周期验证为基础，设计销售战略表，并根据实际执行结果决算数据填写销售战略，见表5-11。

表5-11 销售战略　　　　　　　　　　单位：件

产品	第一年	第二年	第三年	第四年	第五年	已完成量	完成率
P1							
P2							
P3							
P4							

以多周期验证为基础，设计生产战略表，并根据实际执行结果决算数据填写生产战略，见表5-12。

表5-12 生产战略　　　　　　　　　　单位：件

产品	第一年	第二年	第三年	第四年	第五年	已完成量	完成率
P1							
P2							
P3							
P4							

以多周期验证为基础，设计财务维度目标表，并根据实际执行结果决算数据填写财务维度目标，见表5-13。

表5-13　财务维度目标

战略目标与主题	核心衡量指标	目标值	实际值
股东满意的投资回报率	净资产收益率		
企业整体利润提升	营业利润（万元）		
	税前利润（万元）		
主营业务收入增长	销售收入（万元）		
总成本控制	成本控制总额（万元）		
加速流动资金周转	流动资产周转率		
良好资产结构	资产负债率		

以多周期验证为基础，设计客户维度目标表，并根据实际执行结果决算数据填写客户维度目标，见表5-14。

表5-14　客户维度目标

战略目标与主题	核心衡量指标	目标值	实际值
现金业务	市场占有率		
建立领先品牌	广告投放（万元）		
	ISO认证（万元）		
增加收入机会	新市场销售量（件）		
	新品销售量（件）		
提升客户价值	毛利率		

以多周期验证为基础，设计内部流程维度目标表，并根据实际执行结果决算数据填写内部流程维度目标，见表5-15。

表5-15　内部流程维度目标

战略目标与主题	核心衡量指标	目标值	实际值
加强订单实现管理	及时供货率		
提高投入产出比	制造成本降低率		

（四）培养职业的核心素养

企业将坚持"建设+运营"两手抓、同推进的理念，保障运营项目质量、优化绩效考评体系和安全稳健运营，诠释了公司对社会、对国家的责任和承诺，助力持续发力装备制造行业的发展。数字化时代，需要培养学生的能力包括提升价值创造能力、提高决策支撑能力、提升风险管控能力和提升统筹协同能力。"征程万里风正劲，重任千钧再出发。"作为新时代青年，要发扬爱国主义精神、艰苦创业精神和守正创新精神，不断用知识武装和充实自己，以积极向上、担当作为的干劲，努力奋斗在全面建设社会主义现代化国家的新征程上。

第六章　数字化转型背景下高职院校管理会计人才培养路径

第一节　高职院校管理会计模块化课程思政育人机制与体系构建

课程思政是高职院校落实立德树人根本任务的重要举措，高职教育者应在专业课堂上构建全员育人、全过程育人、全方位育人的大思政教育体系。高职院校应积极探索并构建管理会计课程思政的育人体系，深入挖掘课程中蕴藏的思政教育资源，将思政教育内容与专业课程授课内容融合，使学生受到潜移默化的教育，推动课程思政课堂教学改革，落实立德树人的根本任务。

一、高职院校管理会计课程思政建设背景

为全面贯彻党的教育方针，深入挖掘专业课的德育内涵和思政因子，推进高职院校"课程思政"与"思政课程"同向同行，构建"三全育人"的大思政教育体系，很多高职院校都开设了管理会计课程。该课程是职业院校财经类专业的一门专业核心课程，授课对象普遍为大学二年级学生，学生正处于心智发展时期，不断尝试接受新的学习方式和生活环境，对专业知识充满好奇心，渴望学习与成长。然而在互联网时代，学生接受信息的渠道增多，受到来自外界的各种影响与诱惑，如果没有教师的正确引导，容易导致其世界观、人生观、价值观出现偏差，引发诸多问题。在课程思政大背景下，专业课程的教学不仅需要传授知识与技能，还要将思政教育贯穿教学始终，以社会主义核心价值观为引领，培养学生良好的思想品质与职业素养。换言之，专业课程思政建设是高职院校德育工作的重要途径，能帮助学生树立正确的三观，促进学生的全面发展。

随着新一轮信息技术革命的推进，大数据、人工智能、云计算等技术的赋能使管理会计的实践应用更优化，企业管理会计工作如虎添翼，能为企业的长久发展提供良好的助力。管理会计人才的培养需要朝多层次、实用性方向发展，不仅要懂财务、懂业务、会管理，还需要具备一定的计算机应用能力，培养自身严谨务实、精

益求精的职业素养，以做出基于管理会计的科学决策。

二、高职院校管理会计课程思政教学中存在问题

（一）教师党性修养不够，全员育人意识不强

第一，专业课教师往往认为自己的本职工作是传授知识，而对学生进行思想道德教育应该是思政教师或者辅导员的事情，不属于自己的职责范围；第二，专业课教师缺乏系统的培训，自身政治道德修养不高，将对学生的思想政治教育融入各类课程的教学能力还有待提高，课程思政育人工作难以有效地开展；第三，课程思政目标没有纳入教师职称晋升或绩效考核的标准中，导致专业课教师对思政教育不够重视，缺乏激励性，导致全员育人意识不足。

（二）课程思政融入不足，缺乏模块化构建

第一，在专业课的教学过程中，大部分课时都用于对学生专业知识的传授和技能的训练，存在重实践、轻思想的现象，从而忽视了对学生的德育建设；第二，专业课教师对于教材中隐含的思政育人元素挖掘不到位，课程思政内容与教学模块的关联度较低、融入方式较为牵强且生硬；第三，缺乏以学生为中心的课程思政教学设计，且在表述方式上多采用说教形式，这种单向灌输模式导致学生体验感不强、难以共情，未能达到课程思政育人的培养目标。

三、高职院校管理会计模块化课程思政育人机制与体系构建

管理会计课程着重培养学生的管理会计岗位综合职业能力，从企业内部管理需求出发，使学生掌握预测、决策、计划、控制和评价等管理能力的方法、程序与技能。基于当前企业对管理会计的需求，结合行业发展趋势，融入管理会计新技术，将管理会计的理论体系紧密地嵌入企业实际经营情景中。根据职业院校财经类专业人才培养方案、课程标准要求，以管理会计岗位工作任务为主线，对接"1+X"职业技能等级标准，重构"融—营—控—评—创""五层次、递进式"教学模块。由课程教学团队反复研讨筛选素材，充分结合课程的教学特点，将管理会计赋能企业价值创造的真实案例融入教学内容，提炼"信以立志、信以守身、信以处事、信以待人，毋忘立信、当必有成"的思政主线，构建"一主线、二任务、三贯穿"的课程思政教学体系。同时，瞄准学生思想共鸣点、情感触发点，增设社会实践活动，引导学生领悟家国情怀、劳动精神、工匠精神、创新创业等，让新时代青年与祖国共成长。

（一）融会贯通模块：业财融合与管理会计——信以立志、文化自信

该模块教学以理论为主，授课要点为管理会计的产生与发展、管理会计的概念与特征、管理会计的职能与目标、管理会计的基本内容等。

首先，在介绍管理会计的产生与发展时，通过讲述著名学者潘序伦的故事，激发学生对管理会计的学习兴趣，将"民无信不立"的理念传递给学生。潘序伦先生非常重视会计职业道德教育，"立信"是先生对事业、对自身和对学生的要求。引导学生要以老先生为榜样，深刻理解并自觉实践管理会计职业精神。其次，通过对《管理会计基本指引》《会计改革与发展"十四五"规划纲要》等文件内容的学习，结合云计算、大数据、区块链、人工智能和财务机器人等新技术在管理会计领域的应用，让学生了解管理会计的改革方向及未来发展趋势，以及新时代对管理会计应用型人才的迫切需求，培养学生的职业自豪感。最后，以"你眼中的管理会计与职业精神"为主题，引导学生发表学习感悟与体会，将国家行业的发展需求与个人的职业素养紧密结合在一起。

该模块通过回顾历史、立足现状、展望未来，在知识传授、能力培养中弘扬社会主义核心价值观，将课程思政润物细无声地传达给学生。品德修养是管理会计诚信的内在要求、责任担当是管理会计诚信的推动力、技术精益求精是管理会计诚信的业务保障，为学生未来的职业发展与规划奠定了坚实的基础。

（二）运营善析模块：运营管理与预测分析——信以守身、降本增利

该模块教学注重理论与实践相结合，授课要点为本量利分析的基本原理、保本点和保利点的含义及计算、运营安全程度的评价指标、绘制动态本量利关系图，销售预测、利润预测、成本预测、资金需要量预测的意义以及分析方法等。

（三）控本擅策模块：成本管控与经营决策——信以处事、乡村振兴

该模块的学习内容具有一定的难度，重点在于专业知识与大数据技术的结合应用。授课要点为成本性态分析、变动成本法、贡献式利润表与职能式利润表的结构及编制、企业经营决策分析、运用Python进行数据分析并呈现可视化图表等。

在该模块授课前，教师组织学生参与社会实践活动，去到了大学毕业生小刘回乡创立的茶园，学生跟随学姐小刘从采茶、制茶、品茶再到销售茶叶，全面了解茶园的经营流程。在创业过程中，小刘一直秉承着诚信经商的理念，但在经营时还是遇到了一些难题，目前茶园正值采茶制茶的高峰期，但这段时间茶厂的运营费用居高不下，尤其是茶园的人工费和燃料费。小刘想咨询如何在不降低茶农收入的情况下，又能更好地降低茶园的成本。在教学过程中，围绕小刘在创业过程中遇到的实际问题，教师引导学生对茶叶的各类成本进行分类，运用Python对茶园的产品进行

成本性态分析与经营决策分析，呈现可视化图表，并为茶园出具科学的决策咨询报告。在授课结束后，引导学生制作社会实践成果小册，鼓励学生更多地参与社会服务第二课堂，运用自身所学的专业知识，帮助茶园解决经营过程中的实际问题。

该模块以新时代乡村振兴为背景，通过大学生小刘毕业后回到自己的家乡创业，带领茶农们以茶兴业、以茶富民的故事，让学生体会劳动的艰辛与收获的喜悦，将信以处事、创新创业、劳动精神和工匠精神等融入学习过程，同时将学生的社会实践成果作为增值性评价考核内容，从而实现"控成本、优决策、铸匠心"的培养目标。

（四）评程品绩模块：流程管控与业绩考评——信以待人、科技自立

该模块教学知识要点为认识标准成本系统与标准成本系统的计算与分析、成本差异的账务处理、责任会计的概念、责任中心的业绩考核、责任报告的编制、内部转移价格的制定和作业成本法的实施与评价等。

该模块授课内容以"华为的科技创新之路"为案例，揭示华为如何从一家小型通信设备制造企业逐步走向世界500强。结合中美贸易战的背景，华为居安思危、未雨绸缪，以其自主创新研发的手机芯片和操作系统顶住压力，使美国企图遏制中国科技产业发展的计谋落空。华为不仅有先进的研发技术，还构建了智能化的财务系统，运用管理会计的方法，收集与分析生产业务的各项数据，实现准确的流程管控与业绩考核，为消除"浪费"提供了良好的管理手段和工具。在该模块教学中，学生通过仿真模拟平台进行技能实训，完成各项实操任务，在实践中强化了对所学知识的综合运用能力，培养了精益求精的工匠精神、扎实的专业技能和爱岗敬业的职业操守。同时运用角色扮演法，将学生按部门进行分组，在角色轮换中，教师指导学生明确技能要求和岗位职责，培养学生良好的沟通意识与团队协作能力。

该模块通过融入大学生关心的社会热点，形成富有深意的思政教学。培养学生艰苦奋斗的精神和激发科技自立的民族自豪感。

（五）价值创造模块：管理会计在制造企业中的应用——毋忘立信、当必有成

该模块教学知识要点为管理会计在装备制造企业中的全流程应用与实践，涵盖运营管理的技能实训、成本管理的技能实训、经营决策的技能实训和绩效管理的技能实训。

该模块授课内容以装备制造企业的管理会计应用为案例，模块建设围绕如何利用管理会计专业优势，增强服务湖南省"三高四新"战略的使命展开思考和探索。近年来，湖南省着力打造国家重要先进制造业高地，管理会计在制造业中的应用日益受到关注，成为企业管理的重要组成部分。因此，运用管理会计助力制造业企业数字化转型与升级是人才培养的核心任务。首先，管理会计的应用能够为制造企业

制定科学的运营管理方案，为强化企业运营管理起到有力的支撑作用；其次，管理会计的应用能够实现对制造企业全流程的成本管控，实现"事前制订计划、事中流程管控、事后评估反馈"的协调统一，能够有效降低成本，实现企业价值提升；再次，管理会计的应用能够为制造企业提供经营决策支持，通过大数据赋能决策分析，确保制造企业实现利益最大化；最后，管理会计的应用能够确保企业绩效管理的科学性，重塑生产环节、形成有效激励，优化企业价值链管理和经营业绩考评指标与体系。

该模块以服务湖南省"三高四新"战略为引领，以"毋忘立信、当必有成"为目标，使学生深刻认识到管理会计赋能制造企业高质量发展的重要性。这就要求学生树立成本节约意识，将个人发展与社会责任相结合，运用合理方法做出科学决策，提升企业整体价值。

四、高职院校管理会计课程思政育人机制与体系建设成效

课程思政的关键在于教师，需要进一步构建职业院校大思政教育体系，强化专业课教师对全员育人的理解和认识，提高教师自身的思想政治素养。

在管理会计课程的资源建设上，通过建设与改革体现"课程思政"教学思路的课程标准、电子教案、课程实施方案、教学案例库、PPT课件、精品在线课程、虚拟仿真实训等数字化教学资源，将理论层面的文件精神转化为可应用的教学资源。同时与企业共建"1+X"课证融通思政创新示范课程，积极探索专业课程中的思政融入点，形成一套完整的专业教学体系。在教学方法上，融合案例教学法、视频演示法、分组协作法、角色扮演法、翻转课堂教学法、竞赛式教学法等多种教学方法，运用信息化技术与平台，将课程思政融入课堂教学。以教师为主导、学生为主体、成果为导向，开展教学活动，避免"满堂灌"，增强学生的情感认同，引导学生"会做人、善学习、能做事、敢创造"，注重培养学生分析问题、解决问题的能力，引导学生形成良好的价值导向，实现传授知识与育人高度融合的培养目标。

德为先、技为重，在专业人才培育过程中，高职院校要将职业道德与职业素养作为培养内容，将立德树人落到实处，以积极向上的姿态引导学生坚定地走技能成才之路。目前，高职院校管理会计的课程思政建设需要进一步探索，持续挖掘课程思政教学资源、不断更新教学内容、丰富课程思政案例库、完善构建课程思政育人教学体系、促进课程思政改革与创新发展，为国家战略、区域发展提供强有力的人才支撑，全面推动职业教育向前发展。

第二节 "三教"改革背景下高职管理会计
教学改革与实践应用

一、"三教"改革研究背景概述

为深入贯彻《国家职业教育改革实施方案》《职业教育提质培优行动计划（2020—2023）》《关于推动现代职业教育高质量发展的意见》《深化新时代职业教育"双师型"教师队伍建设改革实施方案》《职业院校教材管理办法》《教师数字素养》等文件要求，推动职业院校教师、教材、教法的"三教"改革，促进职业教育高质量发展。2021年3月，《中华人民共和国国民经济和社会发展第十四个五年规划和2035年远景目标纲要》中明确提出，要激活数据要素潜能，推动互联网、大数据、人工智能和实体经济深度融合，加快建设数字经济。

高职院校在培养管理会计技术技能人才方面具有重要的作用，在数字化转型背景下，推进职业院校"三教"改革是新时代提出的新任务、新要求和新方向。高职院校应积极探索"岗课赛证"融合育人模式，不断拓展教学内容的深度与广度，鼓励运用信息化手段探索综合性评价，做好课程系统设计，强化师资队伍建设，实现润物无声的育人效果，赋能职业教育数字化转型，为新时代职业教育发展提供有效借鉴。"三教"改革是当前职业院校提升办学质量和人才培养质量的重要切入点，对于高职院校管理会计教学改革具有积极的推动作用。

二、管理会计"三教"改革理论

（一）国内研究现状

一是关于职业院校"三教"改革的研究。在教师改革方面，结合职业教育人才培养和社会发展需求，确定教师教学能力构成及其提升策略，成为当前研究的主要趋势。在教材改革方面，郑倩（2020）提出数字化融合推进新形态教材长效建设与升级。在教法改革方面，主要研究集中在探究项目案例教学、情境教学、混合式教学等教学模式在教学中的应用，以及对学生职业能力培养的成效。

二是关于管理会计教学存在的问题研究。第一，教材内容更新不及时。钱力颖（2022）提出对于管理会计教材内容，有必要进行系统的整理，优化课程教学结构。第二，课程体系设置不合理。郑晓凉（2020）指出目前普遍存在重核算轻管理的现象，缺乏管理会计思维，课程体系无法满足现代管理会计人才培养的需要。第三，教学模式和方法落后。杨桃（2021）指出职业院校多采用以教师为主导的教学方式，难以将理论与实践进行结合，需要引入创新的教学理念和模式。第四，师资力量明显不足。郭素娟（2022）强调数字经济时代，财务会计向管理会计进行转型，教师不仅要具备扎实的理论知识，还需要有信息技术综合应用能力。

三是关于应用型管理会计人才培养研究。首先是对数字化时代企业对于管理会计人才的需求研究。2021年11月，财政部印发《会计改革与发展"十四五"规划纲要》指出，全面深化管理会计应用，是增强企业价值创造力，推动企业高质量发展的内在需要。李昕一（2022）等认为职业院校应及时了解企业对于管理会计人才的需求，重新定位人才培养目标。其次是对于应用型管理会计人才培养的研究。贺琼（2018）、李娜（2021）等提出高职院校应积极响应企业需求，顺应时代发展需要，开展管理会计课程教学改革，注重培养学生的综合应用能力，从核算型会计向管理型会计转型，为社会培养大批高素质的应用型管理会计人才。

（二）国外研究成果

许多国家都开展了职业教育教学改革的相关研究，只是国外没有"三教"改革的概念，也缺少全国职业院校教学能力比赛相关领域的研究内容，但国外对职业教育教学改革的研究起步较早，已经形成了一套较为成熟的体系。

一是对管理会计提升企业价值的研究。美国《管理会计》（第二版）（1997）中，将管理会计定义为向企业的管理层提供与企业发展需求相关的财务和非财务信息，引导企业管理者更好地做出决策。美国管理会计师协会（IMA）指出管理会计涉及管理决策、制订计划和绩效管理系统，并提供财务报告和控制方面的专业知识，协助管理层制定和实施战略，从而实现激励、指导和创收。

二是对职业院校教师教学能力的研究。英国高度重视职业院校师资培养，通过"三方参与""三段模式"形成培训合力，确保教师能力的提升。美国职教师资培养以社区教师作为建设主体，对教师能力的评价以教学成果为主，重视企业兼职教师的引入。德国对于职教师资的培养秉承教学、学习和生产相统一的原则，依托"双元制"人才培养模式，教师定期参与企业实践培训等。

三是对职业教育教学改革效果的研究。第一，关于教学模式。P. Valiathan（2002）阐述了态度、技能和能力驱动型三种教学模式，旨在为学习者营造协作性、积极性的学习体验。第二，关于教学方法。德国职业教育处于世界领先地位，项目教学法被广泛采用，将教学过程设计成单独的项目教学方案。美国注重对学生实践与综合能力的培养，教学过程中给予学生充分的自主性。第三，关于教学效果。Serge Herzog（2007）等学者发现，课堂环境对学习效果起到了积极的影响。美国教育部通过教学和调研得出，借助信息技术学习效果能得到保障和提升。

（三）国内外研究述评

通过对国内外相关文献的综述可以发现，我国学者对职业教育教学改革开展了丰富的研究，但目前仍然存在一定的局限性。一是在研究方法方面，研究者们更加趋向于在已有研究基础上进行理论研究，深入教学实践的研究较少。二是从研究视角方面，以"三教"改革为背景，探讨管理会计教学改革的文献较少，对应用成效研究不够深入。国外管理会计的理论研究起步较早，许多国家都开展了职业教育教学改革研究，但是关于管理会计课程改革方面的文献资料较少。因此，本研究将借鉴现有研究的宝贵成果和经验，进一步分析高职院校管理会计课程改革现状，提出改革策略并开展教学实践，促进高职院校教育教学质量的提升。

三、"三教"改革背景下高职管理会计教学改革方法与步骤

（一）教学改革方法

充分结合多种研究方法的特点及优势，主要通过文献研究法、调查研究法、个案研究法等开展研究。一是采用文献研究法，通过查阅相关文献、专著、调查报告、国家政策文件等资料，吸取有借鉴意义的研究成果并进行归纳与梳理，探索管理会计教学改革方面的研究和经验，为课题后续研究提供理论和实践基础；二是采用调查研究法，采用分层抽样方式，并结合访谈调查法对高职院校一线教师、学生、企业专家、用人单位等进行深度调查，深入分析管理会计课程教学的现状及其存在的问题；三是采用行动研究法，利用学校提供的平台，对在校学生和往届毕业生的动态数据进行追踪，开展基于"三教"改革背景下高职管理会计课程教学改革研究与实践，在行动中总结优秀做法、探索实施路径，为高职院校管理会计课程"三教"改革提供有效途径和对策建议。

（二）教学改革步骤

以"理论研究→调查研究→策略研究→成果形成→应用研究"设计和构建整体研发框架。首先，围绕管理会计课程教学改革的核心问题，厘清基本理论。其次，结合前期研究成果，借鉴国内外文献，以国家职业教育教学改革方案为指导，探讨教学改革的意义和作用。再次，通过调研企业对管理会计人才的需求，了解高职院校管理会计课程教学现状及困境，深入分析课程数字化改造中的痛点问题。从次，从"课程体系设计—师资队伍建设—人才评价模式"等方面开展研究，针对本校2022级大数据与会计、大数据与财务管理专业学生开展实践论证。最后，提出管理会计课程教学改革的有效策略，并形成研究成果。本课题的研究目标是梳理国内外

关于管理会计课程教学改革的理论与实践成果，为研究提供理论基础；通过问卷调查与访谈，探究数字化新技术对管理会计的影响、了解企业对管理会计人才的需求、明确课程教学现状和问题，并深度分析其原因，为研究提供实践依据；提出基于"三教"改革背景的管理会计课程改革策略，形成具有创新特色的课程实践教学模式，提高职业院校人才培养质量，为社会经济发展培养所需的高素质应用型管理会计人才。

四、"三教"改革背景下高职管理会计教学改革研究内容

（一）调研高职院校管理会计课程教学现状、问题并分析原因

在理论研究的基础上，对高职院校开展管理会计课程改革的现状进行调研，客观分析了当前职业院校教师、教材、教法存在的现实困境。一是改革方向定位不清。通过调研发现院校普遍未能对区域经济发展形势、产业发展前景进行综合分析，在师资队伍建设、教材内容开发与教学方法设计上与产业升级和数字化改造对接不足，难以为区域发展输送高素质应用型技能人才。二是发展动力不足。教师日常教学与工作任务较重，缺乏参与教学比赛的热情，对传统教学模式的依赖仍很强，缺乏以学生为中心的教学设计。三是缺乏量化评价方法。未能将教师的专业教学能力、知识素养、师德师风等纳入培养与考核机制中，仍存在抢占资源、分配不均等问题，推动教师改革措施也难以落地。

尽管有一些高职院校在实践中采取了推动"三教"改革的方式，但仍存在一些问题。一是高职院校"三教"改革路径不明确的问题；二是高职教师教学能力提升方式单一、支持制度不健全的问题；三是高职院校课程改革不到位、课堂教学生态不佳的问题。因此，急需对教学方法及教材资源进行改革，共同推进以学生为中心的高职院校"互联网+生态课堂"的构建，为探寻"三教"改革有效实施的新途径提供实践基础。

（二）探究高职院校管理会计课程教学改革意义及重要作用

"三教"改革对促进管理会计课程教学具有重要的理论和现实意义。"三教"改革是落实立德树人根本任务、完善职业教育课程体系、深化产教融合与校企合作、推动职业教育高质量发展的重要举措。目前高职院校在"三教"改革的实践过程中存在着各种问题，导致职业教育的质量和发展受到影响和制约，创新改革途径显得尤为重要，也是职业教育高质量发展的客观需求。构建教师教学能力提升体系，有利于教师的综合素质、专业水平和创新能力的提升，对推进教师改革具有重要的现实意义；优化新形态教材资源开发策略，有助于打造符合高职学生培养特点和课程

特色的教材，促进高职院校教材资源建设质量提升目标的实现；提出构建生态课堂的有效策略，有利于比赛优秀教学成果的推广转化，对推动高职院校管理会计教法改革具有实践指导意义。

从教师、教材、教法三个维度入手，对教师的综合素养、课程内容、教学策略、实施过程和效果、特色创新等方面进行了细致观察，形成完整的教学能力评价指标体系（见表6-1）。从评价要素和观察点的设置中可以看出，教师的综合素质和能力不仅是技术和知识，还包括教育理念、思想道德、职业道德、团队协作等方面。通过对教学工作进行总结和反思，发现不足并加以改进，推动教师教学方法和育人理念的更新，提升教育质量和办学水平。

表6-1 教学能力评价指标体系

指标（观察点数量）	评价要素	观察点	维度
一、目标与学情 （11个）	1. 确定依据	适应时代要求、符合部颁标准、紧扣教学文件、强调学生实际	Ⅱ
	2. 表述要求	表述明确、相互关联、重点突出、可评可测	Ⅱ
	3. 学情分析	客观分析、翔实反映、准确预判	Ⅰ
二、内容与策略 （17个）	4. 育人诉求	联系时代与社会、关注劳动教育（其中课程类型差异化育人要求单列）	Ⅱ
	5. 内容要求	支撑目标、科学严谨、容量适度、安排合理、衔接有序、结构清晰（其中实训教学内容要求真实）	Ⅱ
	6. 教材教案	教材选用符合规定、配套资源丰富多样、教案完整规范简明真实	Ⅱ
	7. 教学策略	教学过程、流程环节、技术应用、方法手段、评价考核	Ⅲ
三、实施与成效 （17个）	8. 践行理念	体现先进思想理念、遵循学生认知规律、符合教学实际（其中专业课程要德技并修、工学结合）	Ⅰ
	9. 实施过程	按设计施教、关注重难点、及时调整教学、突出以学生为中心、实行因材施教	Ⅲ
	10. 实施效果	环境满足、活动有序、互动深入、气氛活泼	Ⅲ
	11. 实施评价	教与学行为采集、针对目标要求开展教学与实践考核与评价	Ⅲ
	12. 技术应用	利用信息技术、数字资源、信息化教学设备等提高管理成效	Ⅱ

表6-1（续）

指标（观察点数量）	评价要素	观察点	维度
四、教学素养（15个）	13.综合素养	师德师风、教学技能（专业课强调实践能力）、信息素养、团队协作	I
	14.课堂教学	态度认真、严谨规范、表述清晰、亲和力强（其中实训教学操作恰当、规范娴熟、示范有效、符合要求、展现素养）	I
	15.实施报告	客观记载、真实反映、深刻反思、提出改进设想	III
	16.现场展示	说课清晰、讲课准确、答辩对题	I
五、特色创新（10个）	17.教书育人	树立正确的理想信念、学会正确的思维方法、培育正确的劳动观念、增强学生职业荣誉感	III
	18.教学改革	创新教学模式、给学生以深刻的学习体验	III
	19.能力提升	更新专业知识、积累实践技能、提高信息技术应用能力和教研科研能力	I
	20.借鉴推广	具有较大借鉴和推广价值	III

注：I代表教师维度要求；II代表教材维度要求；III代表教法维度要求。

（三）"三教"改革背景下高职院校管理会计教学改革策略

课程培养目标对接企业管理会计岗位要求，通过"岗课赛证"融合重构课程教学体系、"政校行企"协同、提升课程师资水平、"多元多段多维大数据"评价、创新人才培养方式为课程教学改革提出有效的对策与建议。通过四种方式（教学、科研、培训、比赛）、五个层面（师资、机制、发展、评价、保障）、六项能力（素养、设计、实施、管理、创新、反思），构建"456"高职院校教师教学能力提升体系。借鉴职业教育教材改革的理论，从"专业能力、实践能力、创新能力、信息能力、思政能力"五项能力共同出发，提出适合高职学生需求的"五育"融合型教材开发策略。全方位构建以学习者为中心的"互联网+生态课堂"教学模式，为高职院校管理会计课程教法改革提供借鉴。

五、"三教"改革背景下高职管理会计教学改革结论与成果

（一）教学改革结论

高职院校"三教"改革是一项系统性的教育改革，随着教育的不断发展和社会的持续变革，高等教育的育人目标和培养方式也在不断调整和优化，强调教学方法

的创新、学生主体性的发挥和教学过程的互动。深化产教融合是教法改革持续推进的重要抓手，高职院校应积极开展教学模式改革，开辟企业课堂，使学生切身感受管理会计在企业中的价值体现。通过校企资源共享、平台共建、人才共育，推动职业教育的高质量发展。因此，高职院校管理会计课程"三教"改革可以从以下路径开展。

第一，加强专业课程的思政护航。高职院校以培养高素质应用型人才为目标。根据高职院校不同专业领域的特点和需求，制定不同类型人才的培养路径，注重对学生实践能力、跨学科知识、团队协作、沟通能力和职业素养的培养，培养出适应经济社会发展需要的复合型人才。高职院校应该引导教师在教学方法改革设计初期关注学生主体需求，建立沟通顺畅、目标一致、协同发展的教与学共同体。专业课教师应坚定立德树人的人才培养目标，深入挖掘专业课程思政育人要素，全面落实到教学实践中，将价值引领与知识传授有机融合于专业课程教学过程中。同时，高职院校应积极引导教师开展专业课程思政课题研究，推动优秀专业课程思政案例库建设，落实好专业课程思政隐性育人的协同育人作用，发挥专业课程思政护航专业人才培养功。

第二，构建师生教与学的共同体。教师角色从知识传授者向学生的引路人转变。高职院校应该建立健全教师培训机制，组织教师参与相关培训和学术交流活动，增强教师的教学水平和创新能力，同时，鼓励教师进行跨学科合作，为学生提供更为广阔的视野和更加深入的学习体验。教法改革应突出"以学生为中心"。高职院校应引导教师在教法改革设计初期关注学生主体需求，从教师和学生"双主体"角度，建立沟通顺畅、互相理解、目标一致、协同发展的教与学共同体。教师应通过学情调研及时掌握学生的专业发展目标、课程学习诉求及学生个体特点等，立足学情开展教学方法改革和教学反思，更好地做到因材施教，努力探索适合高职学生的教育方式。

第三，推行"互联网+"数智化教学模式创新。教学能力比赛鼓励教师合理运用大数据、云计算、人工智能等信息技术手段改造传统教法、优化教学过程，培养学生的信息素养和技能，利用数字化技术推动课堂改革。在高职"三教"改革中，应积极探索"互联网+"信息化教学模式的应用，通过引入智慧教室、智能实训平台等现代化教学设施，开展多维度、立体化的学生学情分析、学习过程监测、学习结果评价和教学效果整改，提升教学效果和育人质量，为高职院校教学改革提供有力支撑。同时，高职院校应该注重教学资源的建设和开放共享，提供更为优质的数字化教学资源，拓宽线上教学资源覆盖面，为学生提供更加灵活、多元化的学习方式，使教学更具有吸引力和竞争力。在数字化教学模式的推行过程中，教师应主动适应新的教学模式，不断提高信息化教学能力和素质，充分利用数字化教学手段，创新教学方法，打造互动性更强、个性化更明显的智慧教学环境。

第四，高职院校建立起规范的教学管理制度。加强教学管理，优化教学流程，保障教学质量。推动课程建设和教学评估，推行学科评估制度，增强教学质量保障能力。此外，高职院校应该加强学生综合素质教育，提高学生职业素养和就业能力，推进产教融合人才培养模式的探索与实践。加强高职教育与产业融合，紧密对接行业、市场和岗位需求，制订符合实际需要的课程体系和教学计划，引导学生参与产业实践项目研究，提高学生的应用能力和创新能力，为产业发展提供管理会计人才支撑。

（二）教学改革成果

1. 构建"456"高职院校教师教学能力提升策略

通过以下四种方式实践成效。第一，开展日常教研活动，积累教学实践经验。教师在课前应进行深入细致的备课、充分理解课程内容、准确把握重难点，在课堂实施过后回顾、反思、整理执教时的切身体会，并结合学生实际情况，不断总结经验和教训。采取听课评课、观摩示范、课程认证、经验座谈等方式开展教研，为教师参与教学比赛和课程改革打下实践基础。第二，参与行企培训调研，掌握专业新知新技。通过参与教师教学能力比赛，促进教师了解行业和企业的最新发展趋势，进一步推动校企深度融合。教师应深入了解企业业务流程和岗位需求，积累大量与课程相关的教学案例和教学资料，调整教学内容和教学方法，推动教育教学模式的创新，培养适应新兴产业和技术的职业教育人才。第三，鼓励教师参与比赛，加快专业成长步伐。教学比赛为教师们搭建学习、交流平台，是教师彰显个人教学魅力和团队集体智慧的舞台。通过比赛激励教师潜心教学、提高育人能力，教师在组队、磨课、展示、改进、比赛的循环过程中，创新教学理念、完善教学设计、提高教学技能、强化资源建设，逐步形成卓越教学的职业价值追求。第四，转化优质科研项目，比赛成果推广应用。通过教学能力比赛，有利于教师们凝练优秀的教科研成果。课堂教学案例来自企业，学习成果又服务于企业，将优质成果进一步推广与应用，从而增强教师的教科研服务能力。优质成果转化对于促进国家教学标准落地、推动"三教"改革、深化产教融合等方面，具有重要的实践意义。

围绕五个层面开展落实。第一，师资团队建设层面，促进教师教学创新与专业成长。教师参与教学比赛是促进高水平、结构化教师教学团队建设的重要举措。通过师资团队共商共研，探讨教学改革的方向和路径，创新教学理念和方法；通过师资团队共享共建，获取更多的教学资源和机会，提升教师的专业发展与竞争力；通过师资团队共育共培，推动教学反思和创新，培养符合社会需求的人才。第二，完善奖励制度层面，提高教师教育教学改革主动性。创造良好的制度条件，激发教师参与比赛的动力。通过加大竞赛奖励、合理折算课时等方式，将教师的标志性成果纳入职称晋升、评先选优、绩效分配的必要考核条件，从而更好地促进教师开展实践教学改革，实现对教学成果的转化与应用。第三，赋能教师发展层面，支持教师参与校内外培训研修。建立教师专业发展培训机制、实施教师能力提升计划、参与企业跟岗实践活动，培养具备数字化素养的教师。通过开展教师培训、聆听专家座谈、兄弟院校学术交流等方式，学习如何使用各种教育技术工具和平台，了解数字化教学的最新趋势和方法，提升教师专业能力和数字素养，适应数字化教育的发展需求。第四，评价考核机制层面，完善教师教学质量的评价体系。引入多元化的评价方式，建立起由学校、教师、学生共同参与的教学质量评价体系，对教师教学效果给予及时的评价与反馈。通过评价结果的分析，为教师提供教学改进与反思的参考，提供更有效的教学支持，提升教育教学的质量。第五，立德树人保障层面，营造全员全环境育人的新模式。强化党建引领，以师德树师表。全面贯彻党的教育方针，坚持教书与育人相统一，建立具有新时代特色的师德建设模式；提高育人素养，以师德铸师魂。加强课程建设、深挖课程思政，充分发挥教师团队的集体智慧，争做学生锤炼品格、学习知识、创新思维、奉献祖国的引路人，全面提高职业教育人才培养质量。

推进六项教学能力培养。一是提升教师数字素养，推动教育数字转型，促改革。数字化时代背景下，积极推动职业院校教师的专业知识、综合能力和数字素养的提升。教师可以通过参与研讨会或学术会议，结合网络资源、教育平台和在线课程等方式，掌握所教学科的最新发展动态，并将数字技术、数字资源和数字工具应用于教学实践。教师数字素养的提升，对于适应数字时代教育需求和教学改革具有重要意义，能够有效提高教师的教学水平和教育质量。二是创新教学设计理念，融入数字化新技术，增效能。职业院校教师应具备良好的教学设计能力，运用多样化的教学方法，将数字信息技术与学科专业知识相结合，设计有创新的教学活动和课堂形式。教师应针对高职院校学生的学情特点、个性差异和学习需求，关注学生的学习情况和发展潜力，通过设计有效的教学活动、归纳可行的教学策略、构建以学习者为中心的教学模式，激发学生学习的积极性和参与度，促进学生综合素养的发展。三是注重教学实施过程，联动数智学习资源，破三点。以校企双师主导，岗课赛证融通，重构教学内容。教师可以通过设计"多层次、进阶式"教学任务，结合多步教学流程，达成三维目标、消除知识盲点；依托企业真实项目为载体，应用VR平台、"1+X"实训等，营造数智环境、链接思维断点；自主研发学生成长智能评测系统，动态采集全过程学生学习行为数据，教师能够及时发现问题并解决问题，增强学习成效、突破教学难点。四是强化教学管理能力，研发智能评测系统，巧赋能。职业院校教师应具备良好的教学管理和科学评测能力，能够有效地实施课堂管理，并给予学生必要的指导和支持。采用定量定性方法，精准把脉学情特点。科学分析知识与技能基础、认知与实践能力等显性学情；采用定性方法，通过问卷调查、师生座谈、社会实践等，获取学生的学习特点及个性学情。搭建科学的课程评价体系，记录增值提升过程，评估学生的学习成果和综合素质。五是激发教师创新意识，提升综合职业能力，强素养。职业教育教师应不断学习与更新学科知识和教学方法，具备专业发展和创新意识。关注教育领域的最新发展和研究成果，参与专业交流和研讨活动，促进政行企校协同育人，运用互联网、虚拟仿真、大数据、人工智能新信息技术改造传统教学，提升自身的信息化教学能力、专业实践技能和综合职业素养。六是建立反思评价机制，促进师生共同成长，优效果。教学反思是撬动课堂教学变革，实现育人目标的重要支点。教师应积极参加教学反思和考核评估，进行教学互动和经验分享，改进和完善教学方法和教学策略，对教育教学实践进行再认识、再思考，并以此总结经验教训。同时加强与学生的沟通，不断优化教学效果和学习体验。

通过深入分析教师教学能力提升过程中存在的问题及其原因，提出教师教学能力提升的方法和实践教育教学改革的有效策略。教师教学能力的提升是提高职业院校人才培养质量的关键，有助于教师更好地提升数字素养、教学设计、教学实施、教学管理、创新意识、反思评价等能力，强化产教融合、校企合作育人机制，推动职业院校教育教学改革，提高职业院校人才培养质量。

2. 提出"五育融合"高职院校新型教材开发机制

一是基于"岗课赛证"重构课程体系，强化专业能力。按照"产业发展需求及教育利益相关方需求→人才培养目标→毕业要求（人才培养规格）→课程体系"反向设计原则，结合当今高职多元化生源结构，构建模块化的专业课程体系。实现专业与产业发展、岗位工作需求的精准对接，满足学生个性化、多样化、定制化的学习需求。教育正在从"教"转变成以学习者主导的"学"，学习的价值也从学会技能向学会创造转变。

二是依据企业岗位工作流程和真实任务，提升实践能力。基于工作过程系统化课程理论，选取专业就业面向岗位及岗位群的典型工作任务作为课程内容，实现课程内容与职业标准的精准对接。遵循技术技能人才成长规律，按照典型工作任务工作过程的复杂程度，由浅入深、由简单到复杂排序课程内容，促进学生从新手发展为能手。

三是创新形态教材的开发融入创业意识，强化创新能力。随着技术的不断进步，更多创新形式的新形态教材将被应用，为职教的发展提供强大的支持。深化创新创业教育改革，开展创业教育是高职院校人才培养的内生性需求使然，也是国家创新创业环境及其政策使然。采用"双课融通"策略消除创业课程和专业课程之间的隔膜，根据学生的需要把创业教育和专业教育融合在教材中。促进教材改革和创新发展，为国家战略、区域发展提供强有力的人才支撑做出积极贡献。

四是结合数字化技术和个性化学习需求，融入信息素养。基于高职院校学生的认知能力、成长环境和学情特点，运用新技术，开发与课程内容和工作任务相匹配的活页式工作手册、新形态教材、融媒体教材。组织师资团队开发各类数字化教材资源，例如动画、短视频、微课、小游戏、精品在线课程、虚拟仿真软件平台、专业教学资源库等，满足学生自主学习的个性化需求。

五是积极探索专业课程中的思政融入点，实现德技双修。首先要坚持推进全员育人的大思政格局。德为先，技为重，高职院校学生学会做人、学会做事，才能实现内涵式发展，推动职业教育向前发展。其次要大力推进课程思政建设。针对目前高职课程思政教学中存在的问题，进一步探索课程中的思政元素，弥补教材内容与"思政教育"融合不够的现状，强化显性教育，细化隐性教育。将课程思政润物细无声地融入教材内容中，增强学生的情感认同，引导学生形成良好的价值导向。最后要强化社会实践育人。推进"政校行企"协同育人机制，鼓励学生走进社会、企业开展实践调研、生产实习和创新创业，在实践中培育工匠精神，提升职业素养，培养对同胞的感情、对社会的责任和对国家的忠诚。

高职院校新型教材开发机制的研究是适应时代发展的必然要求。在知识爆炸、技术创新和个性化学习的大趋势下，高职院校需要建立更灵活、实用、高效的教材开发机制，才能够更好地服务学生的学习需求，促进高质量的教育。在未来，随着技术的发展和教育理念的深化，新型教材的开发机制将不断创新，以更好地满足教学和学习的需求，推动高职教育朝着更高水平发展。

3. 管理会计课程教学设计及教学改革实践案例

（1）课程整体教学设计

"一融"岗课赛证，重构教学内容。对标教育部高职院校专业教学标准，对接"1+X"职业技能等级标准，结合职业技能竞赛标准，制定专业人才培养方案、修订课程标准。教学团队以真实承接的产教融合项目为基础，将课程内容重构为"融—营—控—评"四层次、递进式教学模块，具体包括"业财融合与大数据"、"营运管理与预测分析"、"成本管控与经营决策"和"流程管控与业绩考评"，共计56学时，培养学生业务调研、数据挖掘、财务分析、决策管理等核心能力，体现"岗课赛证"融通育人的培养理念。

"二融"课程分析，精准研判学情。"管理会计"是高职院校财经类专业开设的一门专业核心课程，授课对象为一年级第二学期学生。教师借助信息化工具收集调查数据，分析学生的"知识和技能基础"、"认知和实践能力"和"学习特点"等，面向学生整体发展，关注个体差异。通过学情分析了解到学生已具备财务基础知识，掌握财务软件基本操作；作为互联网时代青年，擅长用信息化手段学习；喜欢探究学习方式，对实践任务兴趣浓厚；渴望提升职业技能，考取职业证书。但仍存在以下问题：一是对知识掌握不深入、问题考虑不全面；二是实操规范性不足、结果准确性不够；三是应用能力不强，对新技术有畏难情绪。因此，课程应注重对学生系统知识体系的构建，培养规范操作意识，提高技术应用能力，提升综合职业素养。

"三融"岗位能力，明确教学目标。基于专业人才培养方案和课程标准，确定教学目标。上承标准，对接企业实际，确定教学重点；下接岗位，结合学情分析，预判教学难点。素质目标：科技创新、服务乡村振兴的情怀；吃苦耐劳、敢于实践的劳动精神；乐于奉献、爱岗敬业的工匠精神；诚信为本、精益求精的职业素养；自学能力、数智化技术的思辨能力；沟通协作、团队合作的创业意识。知识目标：了解管理会计的基本含义；理解本量利分析基本原理；掌握预测分析的方法；理解成本性态分析的方法；掌握标准成本的制定；掌握经营决策分析方法；了解作业成本法的实施和责任报告的编制。能力目标：能运用Python进行运营管理、预测分析、成本管控、科学决策和绩效评价等，出具决策分析报告，呈现可视化图表。

"四融"教学模式，优化教学策略。构建以学生为中心的"三融四结、五阶递进"教学模式。将职业知识线、能力线与素养线"三线融合"，强化思政引领和能力培养；采用校企协同、虚实互联、循环进阶、课证融通"四相结合"开展课程教学；制定"引→探→优→练→评"递进式教学环节。通过"难度预判、增值预警"调整策略，满足"因材施教、精准帮学"特定需求，明确"德技并修、工学结合"成长方向。

"五融"教学资源，构建教学生态。将现代信息技术与教育教学深度融合，创设"平台融合、理实一体、互动合作"的智慧教学生态，是职业教育高质量发展的时代要求。校企共建虚拟仿真实训基地，突破"案例匮乏"问题；校企共研活页教材，解决"资源不足"问题。通过游戏PK、VR场景、动画、微课等方式，激发学生的学习兴趣。

"六融"信息技术，实现三多评价。构建"多段、多元、多维"课程评价体系，利用大数据进行数据采集与分析。围绕输入评价、过程评价、结果评价、增值评价，研发课程评价模型。评价主体包括学生评价、小组评价、教师评价、企业评价和平台软件。评价内容包括专业知识、岗位技能、职业素养、思政素养、实践成果和增值评价。

（2）课程教学实施与成效

以管理会计工作任务为主线，教学实施过程凸显"四化"。通过"课前自主学习、课中合作探究、课后巩固强化"三环节开展教学，实现基础知识、实践能力和职业素养相融合的培养目标。

教学实施。系统化实施课程思政育人。将思政主线贯穿教学始终，价值塑造与知识传授、能力培养相统一。以毕业生的创业故事，激励学生树立目标；以社会实践活动，赋予学生劳动体验；以新技术应用，激发学生探索热情；以校企双师联动，引导学生科学决策等。数字化赋能企业管理会计。紧跟专业升级和数字化改造，将大数据新技术应用于管理会计实践。鼓励学生参与第二课堂的社会实践，学习任务来自企业，教学成果服务于企业，校企协同价值共创，实现数据挖掘的程序化、测算的精准化和分析的智能化。显性化提升专业实训效能。借助虚拟仿真实训基地，接入企业海量数据资源，数智思维赋能科学决策。采用小组协作、专家点评，突破重点、化解难点。理虚实一体化，强化应用能力，精进关键技能，培养学生解决实际问题的能力和严谨规范的职业素养。可视化呈现学生成长轨迹。校企共研综合评价模型，动态采集学习行为数据，记录学生增值服务过程。依据设定的考核标准，对学生的学习成果和技能规范实施"校、企、生"三方综合评价，"一生一案"绘制可视化成长档案，充分发挥评价导向功能。

教学成效。三维目标有效达成。通过课程学习，学生的劳动态度、工匠精神、诚实守信品德、职业素养等得到良好培养，素质目标有效达成；通过课前自测和课后再测对比，平均成绩较前导课程大幅提升，知识目标有效达成；能够应用大数据解决实际问题，达到岗位职业能力要求。课程教学内容对接"1+X"《数字化管理会计》职业技能等级证书中级工作领域，授课班级参与"1+X"证书模拟考核，通过率达100%，职业能力明显提升，学生技能竞赛水平大幅提高。

（3）课程教学改革特色与创新

一是构建创新教学团队，"培训+制度"保障。课程团队职称、年龄结构合理，采用老中青传帮带制度，成员均具有企业一线实践经历、"1+X"师资培训证书，具备创新能力，利用信息技术，整合教学资源体系，满足教学需要和学生需求。建立"以赛代课、以培代研、以证代考"的管理机制，提高教师参与竞赛和课程改革的动力。

二是"政、行、校、企"协同育人，完善教学资源体系。通过"政、行、校、企"协同创新、"多方联动"融合育人模式，共育双导师人才培养模式、共建虚拟仿真实训基地、共研新形态一体化教材，教学资源呈指数型增长，解决"项目难落地、资源难建设、新技难应用"等问题。

三是专业新技融入教学，促进学生德技并修。运用大数据新技术，解决实际问题，厚植技术报国情怀，促进学生职业能力与职业素养融合。通过深入企业调研，实现课堂教育与社会实践不脱节，为适应岗位打好基础，达到学习成果与人才培养需求相契合。

（4）课程教学改革反思与改进

管理会计课程在落实立德树人根本任务、探索"三教"改革、提升人才培养质量等方面，取得了显著成效。但仍然存在一些不足，需要改进和完善。一是进一步优化任务分配，解决技能偏好问题。部分学生倾向于做自己擅长的工作，忽视其他岗位知识和技能的学习。在后续教学活动中，应根据不同学习任务，动态轮换学生角色，持续调整与改进；二是进一步拓展案例类型，提升学习迁移能力。在后续教学中，应建立更多不同类型的企业案例，涉及大中小型企业，拓宽学生就业面、提高综合能力和培养迁移能力。

在当前教育数字化转型背景下，需要强化思政引领、推进教学改革、深化产教融合，从而提高职业教育人才培养质量。以教师教学能力比赛方案为引领，构建高职院校教师教学能力培养路径，促进师资队伍整体高质量发展；以教师教学能力比赛评价指标为依据，提出信息化教学资源开发策略，紧跟行业岗位发展需求；以教师教学能力比赛优质成果为借鉴，打造智慧课堂教学生态，增值评价赋能学生成长。通过管理会计课程改革与实践应用，落实"三教"改革举措，培育适应新技术和产业变革、企业需求的数字化管理会计技术技能型人才。

高职院校课堂教学改革创新是促进人才培养质量提升的关键一环。通过更灵活、多样的教学方式，高职院校可以更好地适应学生的个性化需求，培养学生的实践能力和创新精神。未来，随着技术的发展和社会的变化，高职院校课堂教学改革创新将不断迭代，以更好地服务学生、社会和行业的发展。通过教师的创新、学校的支持以及社会的共同努力，高职院校的课堂教学将更加适应时代需求，为学生成长成才提供更有力的支持。

第三节　基于知识图谱构建高职管理会计混合式智慧教学新生态

近年来，管理会计研究伴随着理论的不断突破和创新，研究内容不断增加，研究方法也日趋多样。随着管理会计的研究日趋成熟，管理会计不断扩展的理论基础开始引起中国学术界和实务界的关注。中国管理会计的理论研究迫切需要跟上实践的步伐，对管理会计知识图谱构建的研究显得尤为重要。学者们不再满足于对知识分布的静态了解，更注重具有时效性的动态跟踪。在该研究背景下，采用可视化分析软件结合文献分析，构建管理会计知识图谱，并采用独特的可视化方法呈现研究结果，旨在为打造管理会计课程教学新生态提供有效借鉴。

一、教育知识图谱概念

知识图谱被称为"人工智能的基石"，其概念诞生于2012年5月，由谷歌公司提出并发布了知识图谱课程，并宣布将以此为基础构建下一代智能化搜索引擎。知识图谱以"图"的方式来描述真实世界的事物及其关系；各种事物、存在及概念都被称为实体，以"节点"表示；实体与实体之间的关系用"边"来表示。这样，实体及其关系就可以被表述为"实体—边—实体"的结构，当这种结构不断扩展和延伸，就构成了一张巨大的网络即"知识图谱"。通过拆解教学内容进行知识梳理，构建知识点及其相互关系，形成课程、学科、专业相关联的知识图谱，将知识图谱与教育教学深度融合，优化知识表达，从而让知识"看得见、看得清"。

二、知识图谱相关政策

近年来，知识图谱研究伴随着理论的突破和创新，研究内容不断增加，研究方法也日趋多样，其不断扩展的理论基础开始引起学术界和实务界的广泛关注。中国管理会计的理论研究迫切需要跟上实践的步伐，对管理会计知识图谱构建显得尤为重要，不再仅仅满足于对知识分布的静态了解，而是要更注重具有时效性的动态跟踪。构建管理会计知识图谱，并采用独特的可视化方法呈现研究结果，旨在为打造管理会计课程教学新生态提供有效借鉴。

教育部办公厅发布《关于启动部分领域教学资源建设工作的通知》（教高厅函〔2020〕4号），聚焦国家重点领域紧缺人才培养，开展教学资源建设，完成专家组织组建、知识图谱构建、教学资源建设、资源审核应用、资源持续更新、教师培训等工作。研究制定覆盖知识领域、知识单元和知识点的相关领域知识图谱。建用并进，动态更新。教育部等六部门发布《关于推进教育新型基础设施建设构建高质量教育支撑体系的指导意见》，以期优化资源供给服务。汇聚数字图书馆、数字博物馆、数字科技馆等社会资源，共享社会各方开发的个性化资源，建立教育大资源服务机制。系统梳理各学科知识脉络，明确各知识点间的关系，分步构建国家统一的学科知识图谱。对现有资源进行分类标识，匹配学科知识图谱。升级资源搜索引擎，通过平台模式为师生提供海量的优质资源和精准的资源服务。教育部高等教育司发布《关于开展虚拟教研室试点建设工作的通知》（教高司函〔2021〕10号），共建优质资源。虚拟教研室成员在充分研究交流的基础上，协同共建人才培养方案、教学大纲、知识图谱、教学视频、电子课件、习题试题、教学案例、实验项目、实训项目、数据集等教学资源，形成优质共享的教学资源库。

三、基于知识图谱构建高职管理会计教学新生态意义

（一）理论意义

从理论意义来看，第一，自管理会计领域引入中国以来，管理会计研究的内容和核心不断变化，通过科学计量方法绘制出中国管理会计领域知识图谱，能够直观地展现出中国管理会计的研究内容、研究核心和研究内容及核心的转变，为管理会计研究奠定基础，为后续管理会计研究发展提供参考和依据。第二，将知识图谱和管理会计课程相结合，学习者可以通过知识图谱对知识节点进行关联选择，能减少

学生学习或者教师授课寻找合适课程知识点的时间，为学生提供一个更具有针对性的知识点检索导航的功能。同时作为一种全新的学习方式，相较于传统学习方式，融合知识图谱的在线课程系统有助于提升学习者的学习兴趣。第三，绘制以词频分析、共词分析为基础的中国管理会计学科结构知识图谱，描绘出我国管理会计学科结构及其主要领域，再利用基于社会网络分析的知识图谱，对研究领域的交叉、渗透分析，得出管理会计教学中目前可能存在的不足。

（二）现实意义

从实用价值来看，第一，有利于企业深入了解管理会计、推行管理会计。中国进行管理会计研究，有利于推动中国企业管理会计实践活动的发展。上市公司信息强制披露制度使得公司管理者与外部利益相关者共享部分信息，然而企业管理者仍然拥有全部的企业信息，但是这些信息是否能最大限度地被企业管理者应用在公司治理的各个方面，很大程度上取决于企业内部管理会计推行的有效性。企业是否推行以及推行管理会计的有效性依赖于中国管理会计研究的深入程度，管理会计研究越繁荣，企业对管理会计的关注越多，推行管理会计的可能性越大，管理会计才能更好地为企业服务，使得企业真正实现做大做强的目标。第二，有利于企业推行适合自身的管理会计方式。管理会计是一门博大精深的学科，然而企业推行管理会计，应根据企业自身条件，选择适合企业自身的管理会计方式。采用科学的可视化分析方式将会从广而大的管理会计中，梳理出管理会计研究热点及趋势的脉络，进而对管理会计研究热点和趋势进行深入的解析，从而为企业推行适合自身的管理会计方式提供有益借鉴。

四、基于知识图谱构建管理会计混合式智慧教学新生态

（一）管理会计知识图谱构建目标

为了充分发挥信息技术在教学改革过程中的重要作用，更好地促进新一代信息技术与教育教学深度融合与创新发展，本项目从智慧教育视角出发，依托人工智能领域的知识图谱技术，针对学生群体特点开展个性化在线学习研究。管理会计知识图谱的构建目标可以概括为以下几个方面。

一是提升课堂效率，构建智能化的知识图谱。针对特定学科领域进行细粒度的知识点拆分，构建关联知识点、微课、测验等要素的知识图谱，应用于课程在线学习平台。通过知识图谱更好地了解知识点的重叠、掌握、遗漏等情况，提高课堂教学质量、资源使用率和学习效果。二是以学生为中心，规划个性化的学习路径。分析学习者的学习历史、兴趣偏好和能力水平，结合知识图谱中的知识点关联和难度

层级，刻画知识图谱、能力图谱，监测学习者的学习进度与状态，为其推荐符合个性化需求的学习资源，支持差异化的"教"和个性化的"学"。三是打造智慧环境，实现高质量的资源共享。整合优质学习资源，构建数字化教学资源库。结合校内外的资源，构建涵盖多种媒体形式的在线学习资源，合理优化教学资源分配。四是绘制可视画像，建立多元化的评价体系。设计合理的评估指标和方法，对学习成果进行定量和定性评估，实现对学习成效的精准测量。研发适应一线教学需求的"智能学伴助手"，完成辅助性助教工作，建立智能、快速、全面的智能化分析系统，实现人机共教、人机共育。吸收具有智慧教学研究基础的一线教师、行业和企业人员参与研究、实践和成果推广，为在线学习者提供更加精准和智能的个性化学习服务，推进人工智能技术支持下的教育教学创新。

（二）基于知识图谱管理会计混合式教学

1. 定位与目标

根据财政部《会计改革与发展"十四五"规划纲要》，目前国内管理会计人才缺口已达到300万。依据国家专业教学标准、课程标准，以企业管理会计活动为主线，通过岗位工作构建课程任务，对接"1+X"《数字化管理会计》职业技能等级标准、职业技能竞赛标准，遵循"岗、课、赛、证"一体化设计，将Python新技术、管理会计新规范融入课程，培养"懂业务、精数据、善管理、优决策"的高素质应用型管理会计人才。

素质目标"四有"：核算管理有基础，精益求精有要求，立德树人有高度，数智赋能有创新；知识目标"五知"：知管理会计业务流程，知运营管理与预测分析，知成本管控与经营决策，知流程管控与业绩考评，知管理会计在企业中的应用；能力目标"六能"：具备运用大数据进行运营管理与预测分析的能力，成本管控与经营决策的能力，流程管控与业绩考评的能力，运用大数据呈现可视化图表的能力，运用管理会计为企业综合决策的能力。

2. 结构与内容

高职管理会计课程以企业经营活动为主线，内容对接新技术、技能对接新规范，课程采用项目任务式，重构"融—营—控—评—创""五层次、递进式"教学模块。将管理会计赋能企业的真实案例融入实训教学，提炼"信以立志、信以守身、信以处事、信以待人，毋忘立信、当必有成"思政主线，构建"一主线、二任务、三贯穿"的课程思政教学体系。

3. 建设与应用

建成数字化线上教学资源，建成专业性与趣味性为一体的教学资源库，包含"融会贯通——管理会计认知""运营善析——运营管理与预测分析""控本擅策——成本管控与经营决策""评程品绩——流程管控与业绩考评""价值创造——

管理会计在制造企业中的应用"模块。课程数字资源丰富，含视频、习题库、游戏、虚拟仿真实训及 Python 拓展案例，校企共编配套教材、共建仿真实训资源、共研技能竞赛题库等。

建成"系统化"课程思政育人资源库。结合模块特点，瞄准学生思想共鸣点、情感触发点，以大学生回乡创业的感人故事，激励学生树立目标；以深入企业基地的实践活动，赋予学生劳动体验；以大数据新技赋能管理会计，激发学生探索热情；以校企双导师联动共育人才，引导学生科学决策，落实立德树人根本任务；以新技术赋能师生成长，深耕课程改革与实践，新增 Python 在管理会计中的应用，提升企业价值创造的综合能力。

4. 组织与安排

创新教学模式，优化教学策略。基于大数据时代背景，以企业真实项目为载体、管理会计工作任务为驱动，将知识线、能力线与素养线"三线"融合；采用校企协同、循环进阶、课证融通"三步"结合。制定"任务分级、难度递进"学习步骤，满足"因材施教、精准帮学"特定需求。把握思政主线，实现育人目标。将思政元素融入教学模块，结合管理会计职业技能要求，运用大数据解决企业实际问题，实现思政教育与专业学习有机融合。

教学实施过程采用项目任务式，将课堂分为"三阶段十三环节"："三阶段"为课前、课中和课后，"十三环节"为"明、构、探、析、引、学、固、测、评、思、创、赛、拓"。

课前：

【明】学习目标，明确工作任务、岗位分工和任务时间点；

【构】思维导图，学生根据任务内容，构建模块知识体系；

【探】案例导学，学生通过动画案例，了解模块案例任务；

【析】职业分析，学生开展讨论，培育管理会计职业素养。

课中：

【引】引发思考，通过游戏、测验、动画，激发学习兴趣；

【学】课程新知，学生观看课程视频，开展知识自主学习；

【固】巩固学习，回顾知识与技能点，能够达成学习目标；

【测】课堂演练，学生完成课堂测验，教师调整教学策略；

【评】学习成果，评价与总结，促进知识内化与技能强化。

课后：

【思】强国有我，强化思政引领，专业教学与育人相融合；

【创】新技应用，将 Python 应用于管理会计全流程；

【赛】竞赛模拟，对接职业院校技能竞赛标准与真题内容；

【拓】第二课堂，"1+X"拓展实训任务，强化专业技能提升。

学习考核评价。课程采取"线上+线下"相融合的考核方式，包含过程性评价、结果性评价和增值性评价。其中，总评成绩等于过程性评价加上终结性评价和增值性评价之和。过程性评价是指搭建"多元、多维、多段"的课程评价体系，包括视频学习进度、作业练习、章节测试、实训演练、讨论话题、课堂表现、考勤等；结果性评价采用线上统一考试；增值性评价以评价指标为计算依据，例如运用管理会计专业知识为企业提供决策咨询、参与企业社会实践活动、作品或事迹获得校级及以上媒体公开报道。

（三）基于知识图谱的管理会计智慧教学新生态

基于知识图谱构建管理会计数字化的智慧教学新生态，实现课程知识结构可视化、课程资源科学组织、课程教学精准与高效。"以图为骨、资源为肉"，开展个性化学生学习路径规划，高质量地采集学生学习行为数据，并进行多维度分析，从而达成精准考核评估、增值赋能发展的管理会计人才培养目标。课程教学实际应用成果主要包括：第一，学生自主学习的"宝藏库"。课程为学生提供丰富的线上学习资源，满足学生个性化、多样化、层次化的发展需求，教学内容涵盖管理会计竞赛，推进"岗课赛证融通"综合育人。第二，师生学习互动的"主战场"。课程具有较强的实用性和学习难度，提供包括预习辅导、话题讨论、在线答疑等课程服务活动，学生可以随时随地学，实时检测效果，提升专业能力。第三，教师教学改革的"强力盾"。课程在线资源建设，成为教师优化教学模式的有效途径，由教师讲授的单向通道改变为学生参与的双向通道，教改成效突出，学生参与度和满意度高。

五、基于知识图谱构建管理会计混合式智慧教学新生态成效

（一）构建了立体化全流程数字教学过程

对接管理会计新需求，根据专业人才培养方案、课程标准，融合"1+X"职业技能等级标准，针对学情特征，重构教学模块，构建数字化学习资源。校企协同将大数据技术应用于管理会计，紧跟专业升级和数字化改造需求，并基于知识图谱构建管理会计课程数字教学新生态。

（二）创设了沉浸式智能化智慧伴学情境

课程致力于打造智慧学习体验，通过伴学助手+真人互动的方式，在给学生更多关注的同时，保证了课程的趣味性，营造沉浸式的智慧学习环境。在情境化学习场景中，引导学生理解知识、思考并解决问题，进而习得技能，提升综合素养。

（三）提升了应对新变化、新业态拓展能力

课程新增管理会计在制造企业中的创新应用，借助校企合作实训基地，接入企业海量数据资源，运用大数据赋能企业管理会计实践，实时更新新技术、新规范，注重对学生实践能力的培养，数智赋能科学决策，实现教学与工作无缝衔接。

第四节　基于大数据技术的管理会计云教学评价平台设计与研究

以大数据技术为核心，构建管理会计云教学评价平台的设计与实现。首先，从数据层、控制层以及交互层三个层面构建了管理会计云教学平台的架构。为实现高效、精准的教学目标，从数据收集、数据处理、管理会计知识智能推荐、云直播教学四个方面构建了管理会计云教学平台的功能模块。在平台设计中，充分考虑了用户行为数据分析、教学资源优化整合、个性化学习路径推荐等关键环节，以满足管理会计专业人才的培养需求。实验结果表明，平台的性能和稳定性能够保障管理会计云教学过程的有序进行，在提高教学质量和学员满意度方面具有显著优势，以期为管理会计人才培养提供新的解决方案。

一、建设背景

随着全球经济的发展和信息化水平的提升，管理会计在企业中的应用日益广泛，使得我国对于管理会计人才的需求也在不断增加。在此背景下，管理会计教育培训工作面临着前所未有的机遇与挑战。大数据技术具有海量数据处理能力、快速数据处理速度和深度数据分析特点，已广泛应用于企业经营管理、政府决策和社会治理等领域。同时，通过构建基于大数据技术的管理会计云教学平台，有助于丰富管理会计教育教学资源、提高教学质量、实现个性化教学和精准评估，为培养高素质的管理会计人才提供良好途径。因此，对基于大数据技术的管理会计云教学平台展开深入研究与设计，从数据层、控制层和交互层三方面进行了平台设计。推动管理会计教育培训模式的改革，同时为相关领域的大数据教学平台设计提供参考，共同推动大数据赋能教育事业的发展。

二、管理会计云教学评价平台架构

基于大数据技术的管理会计云教学评价平台，主要由数据层、控制层及交互层

三个层次组成。数据层包括数据收集模块和数据处理模块；控制层分为管理会计知识智能推荐模块、云直播教学模块、学习效果评价与反馈模块；交互层的设计目标是让学生、教师和管理员能够方便地使用平台，并能够快速有效地获取所需的信息和资源。

三、管理会计云教学评价平台设计

（一）数据层

1. 数据收集模块

在基于大数据技术的管理会计云教学评价平台设计中，数据收集模块是管理会计云教学评价平台的重要组成部分。首先，明确所需采集的管理会计相关数据，例如学生学习行为数据、教师教学数据、学习资源的统计数据等。通过 API 接口从已有的学校管理系统、在线学习平台等处获取学生学习行为数据以及教师教学数据；使用 Python 编程语言编写爬虫程序，从网页中抓取管理会计资源数据。计算度中心性指标衡量某个节点有多少个直接连接的邻居节点，度中心性越高，则该节点在网络中的影响力越大，以评估经过该节点的路径所占的重要程度，确保信息采集的快捷性与时效性。其次，必要的数据验证将确保采集的数据资源符合预定格式和要求，包括对数据逻辑性和完整性进行验证。数据在传输过程中选择 AES 对称加密算法进行加密，利用 TLCG 截断性线性同余生成器进行数据脱敏措施，保证数据的安全性和隐私性。通过以上步骤，可以实现数据脱敏，保护敏感信息不被泄露，确保在后续模块环境中使用安全、真实的数据集。

2. 数据处理模块

在数据采集后，采用 OpenRefine 数据清洗工具对原始数据进行清洗和数据去重、填补缺失值、处理异常值等预处理操作，以确保数据的质量和准确性。使用正则表达式对数据进行格式、范围和唯一性检测，对于不符合规定格式的极端值、离群值、重复值等异常数据，回到数据采集模块重新采集；对于非异常数据，进行以下处理：首先，使用 Pandas 库进行数据去重操作，以删除重复的数据记录，确保数据的唯一性，对存在错误、缺失或无效的数据进行修复或去除处理。其次，使用 Z-score 指标进行缺失值填充，其是以标准正态分布为基础的统计指标，表示某个数据点与平均值的距离。最后，借助 numpy 函数进行数据格式转换、单位统一、命名规范等线性归一化处理，使数据统一到一个标准范围内，以便后续的分析使用。将经过数据处理操作后的数据集存储到 PostgreSQL 关系型数据库中，利用定时任务队列技术设置实时监听机制，以自动将新的数据导入数据库中，确保数据集的及时性和完整性。

（二）控制层

1. 管理会计知识智能推荐模块

智能推荐模块是基于人工智能技术的管理会计云教学评价平台的核心组成部分之一，它的目标是根据每名学习者的需求、兴趣和背景，提供定制化的管理会计知识教育内容。首先，采用自然语言处理（NLP）技术对采集、处理后的用户信息进行分析，包括学习者的管理会计经验、职业背景、企业类型、特殊需求等方面，以构建学习者画像。基于用户画像，利用深度学习算法建立用户个性化管理会计知识推荐模型，即用户兴趣与管理会计知识内容特征的匹配度。通过学习者之间的相似度分析，找到与目标学习者相似的其他学习者，并根据这些相似学习者对管理会计知识的喜好，预测目标学习者对特定知识的学习兴趣。其次，利用强化学习算法调整推荐模型策略，使模型能够在推荐过程中动态地优化策略，逐步提高推荐质量。在强化学习过程中，将学习者的满意度作为奖励信号，引导模型在推荐过程中关注学习者的需求和兴趣。最后，采用贝叶斯全局优化方法搜索最优推荐算法参数，构建一个先验概率模型，以预测未尝试过的参数组合的性能表现。为更新概率模型，使用梯度下降优化算法，不断探索参数空间，经过多次迭代，得到最优参数推荐组合。综合而言，该模块通过分析学习者的兴趣和需求，生成个性化推荐列表，为每个学习者推荐最相关的研究领域，涵盖财务报告、成本管理、预算编制、风险管理等方面。

2. 云直播教学模块

通过管理会计云教学评价平台的云直播教学模块，教师可以在平台上开设实时在线课程，学生可以通过网络接入平台进行实时在线学习。通过自建服务器集群搭建云服务器环境，确保服务器具备足够的带宽和性能支撑高质量的直播流传输。搭载 Phantom TMX 系列超高速摄像机进行教师直播教学视频采集，利用大数据技术中先进的图像识别和前馈神经网络算法将不同地域及不同设备学习者的虚拟人物形象连接到同一个在线虚拟课堂环境中，并将所有在线学习者的虚拟形象进行智能混合。

在管理会计知识智能教学环境中，参与在线课程的教师和学生被生成虚拟形象，并在同一个学习环境中实现共存。另外，利用 FFmpeg 编码工具对采集到的视频进行压缩编码，以减少带宽占用和提高播放效果，并通过 RTMP 流媒体传输协议将经过编码的视频流实时传输到云服务器上。借助 WebSocket 即时通信技术为学生提供在线提问、答疑环节和课堂小测验等实时互动功能。为满足学生的学习需求，云直播教学平台需要提供录制回放功能，将直播过程录制视频保存在阿里云 OSS 云端，方便学生随时观看复习。同时考虑到教学内容的安全性和保密性，云直播教学模块需要采取 SSL/TLS 加密传输、JWT 用户身份验证和 OAuth2.0 认证授权管理等安全措施。

（三）交互层

基于大数据技术的管理会计云教学评价平台，其交互层主要负责向学员展示直播界面和学习数据，并确保系统的易用性和用户友好性。首先，使用Vue.js等前端开发框架来实现页面的交互性和动态性。其次，通过使用Bootstrap CSS框架，美化页面的样式、选择色彩方案，并设计界面元素和字体排版，以满足不同学员的审美需求和文化偏好。再次，使用图标库和标签等元素，以清晰表示每个选项。最后，选择使用Node.js服务器技术确保平台的高性能和稳定性，并将PostgreSQL数据库作为主要的数据库系统，以存储和管理教育培训平台的数据。

四、测试实验

（一）实验准备

为验证基于大数据技术的管理会计云教学评价平台的实际应用效果，实验准备了一系列软硬件环境及技术框架。选用高性能的Microsoft Server作为运行环境，以确保平台的稳定性和可靠性。在开发过程中，采用成熟的Microsoft .NET Framework进行快速开发，以构建轻量级的高性能应用程序。同时，选用Nginx作为Web服务器，应对高流量的访问需求，保证平台在高负载情况下的高性能和稳定性。为实现实时数据交互和用户互动，实验引入WebSocket通信技术，允许平台与用户之间建立双向通信通道，为实时信息传输提供支持。在后端系统设计中，采用JSON格式进行数据传输，适用于Web应用程序的数据交互。主要数据存储和管理则依托Amazon S3数据库系统，其强大的数据处理能力适用于平台数据的存储和管理。此外，为满足大数据处理需求，实验还采用了Hadoop、Spark等大数据技术框架，同时为确保平台的安全性，采用了SSL加密技术，保障用户数据和隐私安全。

（二）实验结果

为评估基于大数据技术的管理会计云教学评价平台的性能，选取5个不同节点的资源值进行测试。实验结果显示，基于大数据技术的管理会计云教学评价平台在数据采集时间、数据传输速率、计算时间和准确率等方面表现出良好性能和准确性。大数据技术的应用为管理会计教育领域带来了前所未有的创新和变革，对于提高教学效果、优化教育资源配置和推动教育公平等方面具有重要的现实意义。随着大数据技术的不断进步与完善，基于大数据技术的管理会计云教学平台将为学员提供更加智能化、个性化和高效化的学习体验。此外，基于大数据技术的管理会计云教学评价平台在为我国教育事业发展带来巨大变革的同时，相关技术人员需要关注数据安全、隐私保护等潜在的风险与挑战。

第五节　高职院校管理会计人才服务
长沙制造业数字化转型的创新路径研究

在当今信息技术迅猛发展的时代背景下，数字技术的发展带来产业转型升级浪潮，教育数字化已成为全球教育改革与发展的重要趋势，这一变革深刻影响着高等职业教育现状。在高职教育中，管理会计作为企业决策支持的关键，其工作内容、方法以及所需技能均面临着前所未有的变化。因此，高职院校作为管理会计人才的主要培养基地，亟待响应时代的号召进行深刻的教育变革与转型。从当前高职院校会计教育的实际出发，分析教育数字化给管理会计教育带来的挑战与机遇，探讨如何通过更新课程内容、创新教学方法、强化师资队伍建设、深化校企合作等策略实现人才培养模式的转型升级，以教师改革为主导、教材改革为载体、教法改革为媒介，在满足行业数字化、智能化发展趋势的前提下，为社会培养更多综合性人才，推进高职院校管理会计教育的创新发展。

一、教育数字化背景概述

（一）教育数字化及其核心要素

在当前全球教育领域，数字化转型已成为不可逆转的趋势，不仅重塑教学与学习的方式，在根本上改变知识的传递、获取和应用过程。换句话说，教育数字化旨在利用数字技术优化教育体系，提高教育质量和效率的过程，涵盖从基础设施建设到教学方法创新、从课程内容更新到评估方式变革的全方位改进。教育数字化的核心要素可以归纳为以下四大方面。

其一，技术基础设施是实现教育数字化的物质基础，例如高速互联网、智能设备、云计算平台等相关设施。其二，数字化内容与资源涉及教材、课程以及各种学习资源的数字化，使得知识传播具备高效性和广泛性。其三，创新教学与学习方法。数字技术的应用使得翻转课堂、在线教育、个性化学习等现代教学模式打破传统教学方式的壁垒，极大地增强了教学的互动性和适应性。其四，评估与管理机制，数字技术的引入使得学习过程和结果更易于追踪和评估，同时也为教育管理提供了更为精细和动态的手段。

然而，教育数字化并非单纯的技术问题，更是一场涉及理念更新、结构调整、政策支持与文化变革的深刻革命。在上述过程中，面临的主要挑战包括如何保证教育公平、如何培养学生的批判性思维与创新能力、如何确保教师的专业发展等相关问题。教育数字化要求各方面因素相互配合、共同推进，把握教育数字化的核心要素和应对其带来的挑战和机遇是实现管理会计人才培养变革与转型的核心要义。

（二）对管理会计教育影响分析

教育数字化对高职院校会计教育的影响体现在多个维度，其中包括教学模式、课程内容、师资建设、学生能力培养以及行业对接等相关方面。它们共同推动会计教育的现代化进程，提高学生适应快速变化经济需求的能力。

在教学模式上，引入数字技术极大丰富了教学手段和形式。新型课堂教学模式强调以学生为中心，增强了学习的互动性和灵活性。通过在线学习平台，学生可以随时随地访问会计课程和资源，不仅扩大学习的时间和空间，同时为学生提供个性化学习路径。在课程内容方面，教育数字化要求高职院校的会计教育与时俱进，及时更新课程内容。在传统的教学方面加入新的会计软件教学、大数据分析、云计算等与数字技术相关的知识和技能，实现课程内容的整合和优化，确保学生能够全面掌握现代会计职业所需的核心能力。在师资建设方面，教育数字化对教师也提出更高要求。教师不仅需要掌握传统的会计知识和教学技能，还需要了解并能够应用新的教育技术。因此，高职院校需要对教师进行持续的专业发展培训，帮助他们适应数字化教学环境，提高他们的信息技术应用能力和在线教学能力。对于学生而言，教育数字化可以提升会计专业知识的学习效率和效果，促进学生批判性思维、解决问题、自主学习等软技能的发展。在数字化环境下，鼓励学生主动探索和实践，通过项目、案例分析等方式提高实际操作能力，为其未来的职业生涯奠定坚实的基础。

除此之外，教育数字化使高职院校与会计行业的联系更加紧密。通过校企合作、实习实训基地建设等方式，学校可以更直接地了解行业需求，及时调整教育内容和方向，确保人才培养与市场需求高度一致。与此同时，企业可以利用学校的资源进行员工培训，实现资源共享和互利共赢。总之，教育数字化对高职院校会计教育的影响是全方位的，不仅改变了教学和学习的方式，而且推动了教育内容的更新，还提高了教育质量和效率，使得会计教育更加符合当代社会和经济的需求。

二、高职院校管理会计人才培养现状

（一）人才培养定位不明

在当前的教育实践中，高职院校管理会计专业的人才培养理念定位面临着挑战，其核心问题在于理念的不明确性，直接影响到教育的质量和毕业生的就业竞争力。许多高职院校在制订教学计划和课程设置时，往往受限于传统的教育模式和市场短期需求的驱动，导致教育目标短视且泛泛而谈。在这种情况下，管理会计教育很难对接未来的行业变化，学生所学的往往是过时的知识和技能，无法满足未来职场的实际需求。另外，理念与实践的脱节也是不容忽视的问题。虽然许多院校强调培养学生的实践能力和创新精神，但在实际教学过程中依旧侧重于理论知识的灌输，忽视实践技能的培养和现代教育技术的应用，"脱节"教学过程使得学生在毕业后很难迅速适应工作环境。不仅如此，许多高职院校仍然沿用一成不变的教育模式，忽视行业发展和技术进步带来的新要求。特别是在数字化时代，管理会计工作的内容和形式都发生了翻天覆地的变化，但这些新的变化往往没有及时反映在教育理念和课程内容中，未能从根本上更新教育理念，深入理解行业发展趋势，强化实践教学以及寻找长期发展与即时就业之间的平衡点，从而未能保障教育内容和目标的前瞻性、实用性和全面性。

（二）人才培养层次偏低

高职院校在管理会计人才培养方面的主要问题是培养层次偏低，这一现状受到多种因素的影响。一方面，课程设置的局限性是导致培养层次低的一个重要原因，很多高职院校中管理会计课程侧重于基础知识和技能，如基本的会计操作、传统的财务报表分析，上述内容虽然是会计教育的基石，但并不符合当前快速发展的经济发展。换句话说，单一的基础知识已难以满足行业对高级管理会计人才的需求，意味着缺乏对高级分析能力、战略规划能力以及最新会计技术的培养，使得学生在毕业后往往无法满足更高层次的职业要求。另一方面，传统的教学方法制约了人才培养的层次。在一些高职院校中，大部分教学仍然以讲授为主，缺乏足够的互动和实践机会，不利于学生批判性思维和创新能力的培养，也不利于学生对知识的深入理解和应用。此外，师资力量也是影响人才培养层次的关键因素。部分高职院校的教师可能缺乏行业经验，使得他们难以提供实际操作中的指导和见解。与此同时，由于教育资源的限制，教师可能没有足够的时间和动力来更新自己的知识和教学方法，直接影响了教学质量和学生学习的深度。值得注意的是，学生基础的不均一性也是导致培养层次低的核心原因。由于高职院校学生的基础有所不同，学生的学习基础和能力存在较大差异，在缺乏个性化教学和支持的情况下，教育往往趋向于满足大多数学生的需求，可能降低课程难度和深度，影响整体的培养层次。

综上所述，高职院校管理会计人才培养层次低的问题是多方面的，需要系统地改进教育内容、更新教学方法、加强师资队伍建设以及实施更加个性化的教学策略，提升管理会计人才的培养层次，满足行业发展的需求。

（三）师资来源较为集中

产业数字化转型使数字技术和生产制造行业融合得更加紧密，使工作岗位职能发生变化，对工作人员的能力素养也提出了新的要求。但在高职教学体系之中，多数教师毕业于以理论教学为主的院校之中，且多数不具备企业实践经验。以2022年相关数据为例，研究的职业技术学院中任教教师公共基础课占比约为70%，专业基础科和专业课教师占比约为68%。同时，上述三类教师多数来自以理论教学为主的其他高职院校或者本科院校，从企业调入的人数占比分别为17%、12%和21%。从中可知，当前职业教育中普遍存在师资力量缺乏实践生产经验问题。也就是现有的师资力量对实际生产制造实践了解不足，且对数字技术应用现状掌握不全面，在授课过程中，难以为学生提供经验，也会导致教学模式存在重理论、轻实训的问题，这对于培养学生数字技术素养极其不利。

（四）传统教材仍在应用

教材是教学任务落实的重要载体。现阶段高职院校的多数教材是由院校老师主编，导致很多内容与实际"发展情况"存在偏差，且更多侧重于理论，难以与企业生产数字化转型要求、信息化转变深度融合，给培养实用型人才带来阻碍。同时，教材在编写过程中，仍以学科为中心，忽视技能的重要地位，内容选择上忽略以岗位为导向，这势必导致学生依据教材无法正确认识新时期行业发展。另外，在数字化转型背景下，实体经济转型、技术更新极为迅速，现有的教材，无论是线上教材还是线下实体教材资源在质量、数量方面均存在不足，且更新频率较为滞后，难以满足新形态数字教材的建设需求。

（五）传统教学面临挑战

在教学方面，传统教学方法是指基于教材设置，以教师为主导，理论讲解为常用方式，这种依靠高度系统化理论训练的方式对引导学生扎实掌握理论知识有积极作用。但随着数字化转型推进，生产运营、创新、技术领域的知识技能处在动态调整中，信息更新迭代速度加快，如果仍按照传统方式完成教学，对培养学生的数字技能和数字素养存在不利影响。此种方式难以实现技能知识和理论知识体系深度融合，确保学生学会利用知识解决问题。同时现有教学环境中难以实现多方主体共同协同推进教法改革，单纯地依靠高职院校教师开展教学模式、教学方法和教学理念的改革与创新，往往会面临力不从心的困境，从而限制了职业教育高质量发展。

三、产业数字化转型背景下对管理会计提出新要求

（一）产业数字化转型内涵

产业数字化转型是指企业和产业在信息技术的推动下，通过数字化手段对传统

业务模式、生产流程、管理方式进行全面升级和改造的过程。随着现代技术发展，在数据驱动、智能化应用、云计算与互联网、物联网技术、数字化营销、数字化服务等支持下，传统业务得到全面升级。这一战略举措将制造企业推向了数字时代的前沿，促使其更好地适应竞争激烈的市场环境。数字技术变革、数字要素禀赋为产业数字化转型奠定基础。数字技术的科学应用，为生产要素效率整合、深度挖掘行业潜能提供可能性，可以有效降低产业链各环节之间的沟通成本，打破信息孤岛以及尽可能削减隐性成本。但数字化转型也使得工作岗位特征发生变化，基于人才需求的调整，职业教育人才培养体系也需要顺应时代进行调整。

（二）产业数字化转型要求

在产业数字化转型的浪潮中，管理会计正面临着前所未有的新要求。首先，数字化转型带来了海量的数据，这就要求管理会计具备强大的数据处理能力，能够快速、准确地从各种数据提取和整合信息，为决策提供有力支撑。其次，数字化转型使得企业更加注重价值创造，管理会计需要更加深入地参与到企业价值链的每一个环节，从战略的高度出发，优化资源配置，提升价值创造能力。再次，数字化转型推动了平台的崛起和智能化发展，管理会计需要充分利用这些平台，实现与业务的无缝对接，通过智能化手段提供更高效、更精准的决策支持。同时，管理会计不仅要关注传统的财务领域，还要深入企业的生产、运营、销售等各个环节，全面把握企业的运营状况。最后，随着数字化转型的深入，管理会计的研究需要向更深层次发展，结合制造企业实践案例，探讨数字化转型对管理会计的影响和应对策略。

1. 工作岗位连接多维性显著增强

数字化技术的应用，使产业链条之间连接得更为紧密，网络连接效应得到加强。此时企业作为一环与生产网络实现深层次连接，原本单一性的岗位难以再独立发挥效用，成为网络连接中的一部分，此时岗位连接的多维性显著增加。以原有的制造环节岗位为例，原本其只负责公司生产产品的制造，但自从数字技术应用之后，在完成原本的生产制造职能后，还会与上游企业的市场销售岗位或者售后服务岗位、下游企业的品牌设计岗位、研发岗位进行对接。岗位连接网络化发展，单一局部岗位向全面、复合岗位方向转变成为必然。此时，对员工的能力提出更高要求，例如综合能力、交流沟通能力、多方协作能力、资源整合能力等，也成为选拔人才的重要指标。

2. 工作岗位本身技术性显著提升

数字化转型的主要目的是通过充分应用数字技术优势，实现成本节约、生产效率提升目标，最大限度提升企业竞争力。想要实现这一目标，需要大量具备数字素养的综合性人才提供支持。以产品研发岗位为例，岗位职能是负责创新创造新的满足消费者需求的产品，随着数字技术的应用，各种先进软件面世，可以有效辅助工作人员完成产品研发，但与此同时，新技术的应用使得产品同质化、更新速度快等问题日益突出，这使得产品研发岗位面临压力增大，且对其能力素养提出新要求，如熟练操作计算机的能力、掌握市场发展趋势的能力、了解消费者消费需求的能力、智能采集信息能力等。从中可知，岗位本身的技术性得到了显著提升。

四、服务长沙制造业的高职管理会计人才培养变革与转型路径

湖南作为职业教育的重要省份，一直以来致力于培养高素质劳动者，为各行各业输送了大量优秀人才，成为推动"智造湘军"发展的坚实后盾。当前，湖南正积极把握部省共建"职教高地"的机遇，坚定走内涵发展之路，努力提升人才培养质量，致力于构建具有地方特色的职教标准体系，打造高水平的"湖湘工匠"培养机制，进一步擦亮楚怡职教品牌。同时紧密对接长沙二十二条新兴产业链，提高学生就业质量，深化三全育人理念和"三教"改革，为长沙地区经济社会发展和湖南省"三高四新"战略的实施培养出更多具备专业技能和素质的优秀人才。通过这些举措，湖南正不断提升职业教育的质量和影响力，为经济社会发展提供有力的人才保障和智力支持。

（一）回归人性本质，明晰人才培养理念

在高职院校管理会计人才培养的变革与转型过程中，核心的教学路径是回归人性本质，明晰人才培养理念。教育工作者深入理解教育的本质，重新定义教育目标，动态调整教学内容和方法，培养专业技能能力强、实现全面发展的管理会计人才。具体来讲，理解教育的本质是明晰人才培养理念的前提。教育不仅仅是知识和技能的传授，更重要的是促进学生全面发展。在管理会计教育中，除了专业知识和技能外，还应关注学生批判性思维、创新能力等的培养，全面发展的理念应是高职院校教育改革的重要指导原则。另外，重新定义教育目标是明晰人才培养理念的核心。传统的教育目标往往注重知识和技能的灌输，忽视学生个性化发展的需要。在变革与转型的过程中，高职院校应将培养学生的终身学习能力、创新精神和社会责任感作为教育目标的重要组成部分，引入更多的项目式学习、案例分析、团队合作等教学方法。

调整教学内容和方法是实现人才培养理念转变的关键。为培养既具备专业知识技能又有全面素养的管理会计人才，高职院校需要更新课程体系，引入更多与实际工作密切相关的内容，利用现代教育技术提高教学的互动性和实践性。通过提供多样化的学习路径，学生根据自己的兴趣和职业规划选择课程，更好地满足个性化发展的需要。此外，培养教师队伍也是实现教育目标转变的重要方面。教师要具备扎实的专业知识和良好的教学技能，以及有助于学生全面发展的意识和能力，鼓励教

师不断学习和实践新的教育理念和方法。回归人性本质，明晰人才培养理念是高职院校管理会计人才培养变革与转型的重要路径。通过深入理解教育的本质，重新定义教育目标，调整教学内容和方法以及培养教师队伍，有效促进学生的全面发展。

（二）深化校企合作，提升人才培养层次

深化校企合作是高职院校管理会计人才培养变革与转型的关键路径之一。合作模式的推广旨在缩小学校教育与企业实际需求之间的差距，提升学生的实践能力和就业竞争力，提升整体的人才培养层次。通过与企业的紧密合作，高职院校能够及时了解最新的行业动态、技术进步和职业能力要求，据此更新课程内容和教学方法，确保教育内容的实时性和前瞻性。同时，企业可以参与课程设计、实训基地建设和学生实习等环节，让学生在学习过程中就能接触到实际工作情境，提前适应未来的职场环境。不仅如此，高职院校应与企业共同确定合作目标，明确各方的责任和期望。基于上述基础，双方可以共同开发符合行业标准的课程，组织联合教学活动。对于学校层面来讲，学校应积极构建稳定的实习实训基地，让学生在真实的工作环境中学习和锻炼，增强其职业技能和工作适应能力。通过定期的交流和反馈机制，校企双方可以持续优化合作内容和形式，确保合作的效果和质量。进一步来讲，提升人才培养层次需要校企合作的深化体现，不仅仅是在技能训练层面的合作，更要在理念和文化层面实现高度融合。企业可以参与到学生的职业规划、创新创业教育以及职业道德培养中来，帮助学生建立正确的职业观和价值观，培养其终身学习能力和社会责任感。

除此之外，高职院校鼓励企业参与学校的教学管理和质量评估，共同提升教育的整体效果，克服校企合作中的挑战也是实现人才培养层次提升的关键，旨在解决合作中可能出现的利益冲突、沟通不畅和资源分配不均等问题。高职院校和企业需要建立长期稳定的合作关系，形成共赢的合作模式，通过法律协议和机制建设来保障合作的稳定性和效率。深化校企合作是提升高职院校管理会计人才培养层次的有效路径。通过明确合作目标、实施系统策略、实现理念文化融合以及克服合作挑战，将教育与行业实践相结合，培养符合市场需求的高素质管理会计人才。

（三）顺应市场需求，优化课程体系设置

随着经济全球化和技术不断更新，市场对管理会计人才的需求也在不断变化，在一定程度上要求教育内容和方法能够及时反映上述变化，为学生提供相关的知识和技能。换言之，理解和掌握市场需求分析的重要性不言而喻。高职院校应定期进行市场需求调研，了解行业发展趋势、新兴技术应用、职业技能要求等相关信息。通过与企业、行业协会、校友等多方交流了解市场需求，确保课程内容的实时性和相关性，为学生提供真实且有价值的学习内容。另外，从课程体系的优化方面来

讲，需要更新传统会计课程内容，引入现代会计理念和实践。

强化实践教学是优化课程体系的核心步骤。高职院校应与企业合作，开发实际案例、模拟项目和实习实训项目，让学生能够在真实或模拟的工作环境中应用所学知识，有助于学生理解理论知识的实际应用，提高其职业技能和就业竞争力。值得注意的是，持续的课程评估与更新是保证课程体系与市场需求同步的必要条件。高职院校应建立定期评估和快速反馈机制，及时收集学生、教师、企业等多方面的反馈，进而对课程内容、教学方法和学习效果进行评估。根据收集的评估结果，学校应灵活调整课程设置，确保其符合市场需求。总的来讲，顺应市场需求优化课程体系是高职院校管理会计人才培养变革与转型的重要路径。通过分析市场需求、更新课程内容等相关措施有效地提升教育质量和毕业生的市场适应性，培养出经济高质量发展背景下管理会计人才。

（四）推动"三教"改革，产教融合增值赋能

"三个方面"促进教师改革。从师资引入、师资培育和师资多维度提升三个方面入手，促进教师改革。构建教师队伍多样化渠道引入体系，确保师资队伍来源多样化。丰富专业群平台课、专业核心课、专业群拓展课等授课教师数量。尽可能提升拥有企业工作经验的教师在总体教师中的占比，从而更好满足新时期实践教学、实训教学需求，确保教师体系可以为学生提供充实的职场经验。在引入教师人员时，可以适当选择行业技术能手担任兼职教师等，可以充分确保教师团队了解当前行业发展情况。同时，实现师资队伍多渠道培育也是可行措施。日常生活中合理组织教师参与培训，了解产业数字化转型特点、先进技术、专业相关理论等，保证技术和教学同步发展，这可以有效提升人才培养的针对性。另外，实现教师团队多维度提升也有积极作用。以师资力量提升为主，围绕数字化转型特点，从专业技能、专业素养、实践能力几方面入手，通过深度推进教法改革、教学资源更新，实现信息化技术与职业教育融合，对打造专业的教师队伍极为有利。

"三个维度"推动教材改革。从教材开发、教材多维度呈现及多样化展示和教师适应性调整增益性更新三个维度入手，促进教材改革也是可行路径。在教材开发过程中，遵循多主体协同、多标准融入原则，确保企业技术能手、资深专家、行业领军人物等参与教材编写过程，可以确保教材内容贴合实际，满足新时期产业数字化转型需求。并且结合当前教育理论、指导文件等要求，将职业教育标准融入教材之中，及时更新行业技术标准、职业岗位职能等，确保教材体现真实的生产环节和岗位需求，可以更好发挥育人载体作用。同时，在教材改革阶段，充分利用现代信息技术和智能手段，确保教学内容多维度呈现、多形态展示，加强配套信息资源建设和线上课程建设，打造以传统纸质教材为基础、网络化教学平台为辅助的数字化教学资源体系，助力学生深度理解知识内容。另外，重视教材更新，围绕适应性调

整、增益性原则，提升教材更新频率，尤其是在电子教材方面，及时根据当前现状增删内容或者调整内容是确保教材满足教学需求的关键。

"三个核心"推进教法改革。在制造业数字化转型背景下，职业教育以岗位需求为切入点，优化教学理念，推动学生核心素养培育，对保证学生能力符合行业需求有积极作用。现阶段，产业岗位需求、能力需求是导向，此时，教学方法改革围绕这一核心展开分析，可以为教学方法调整提供助力。在实际操作方面，对接数字化生产流程，结合日常应用场景和工作岗位环境，将工作流程细化为具体任务，与教学知识点融合，这可以深层次巩固技能教学。同时，以学生技能习得为核心优化教学模式可以打造以职业岗位为需求、以匹配度为标准的任务驱动体系，从而与教学过程相融合，可以深入推进产教融合。另外，以课堂革命为推力，促进教学形式优化也是可行方法。课堂是培育人才的主要环节，教法改革最终需要落实到课堂层面，才能真正发挥作用。因此，借助现代信息技术，打破传统教学模式桎梏，通过多种途径提升教学效果，如翻转课堂、问题探究式教学、项目式学习等，推进"线上+线下"混合式智慧教学课堂的实现，这可以更好地调动学生的学习积极性，提升职业院校人才培养质量。

五、高职院校管理会计人才培养未来发展趋势

在教育数字化的大背景下，高职院校管理会计人才培养的变革与转型不仅是一种趋势，更是一种必然。随着制造业数字化转型，工作岗位的链接维度更为复杂，且岗位技术复合性提出更高标准。面对快速变化的市场需求和技术革新，高职院校必须拥抱变革，采取积极的措施来适应这一时代的要求。这就意味着高职院校要不断更新教育理念，强化与企业的联系，增强课程的实践性和前瞻性以及培养学生的创新能力和终身学习能力。此外，高职院校还应利用数字技术优化教学资源和方法提升教学效果。不容忽视的是，变革之路并非一帆风顺，需要高职院校克服诸多挑战，同时还需要政策支持、行业合作以及社会各界的共同参与，形成鼓励创新、支持改革的合力。通过"教师、教材、教法"改革的推进，为职业教育发展提供参考和指引。在上述目标的指引下，高职院校应不断探索和前进，为学生提供全面发展的平台，为社会培养出更多的优秀管理会计人才。

参考文献

[1]　杨璠.数智时代高职院校管理会计人才培养的变革与转型研究[J].商业会计，2022（5）：121-123.

[2]　赵淑娴.坚持以党的二十大精神为指引全面推进职业教育高质量发展[N].民族日报，2023-02-09（1）.

[3]　国务院关于印发《国家职业教育改革实施方案》的通知[EB/OL].（2019-01-24）[2024-03-03].https://www.gov.cn/gongbao/content/2019/content_5368517.htm.

[4]　财政部会计司.全面深化管理会计应用 积极推动会计职能拓展：《会计改革与发展"十四五"规划纲要》系列解读之九[J].财务与会计，2022（9）：4-8.

[5]　冯巧根.改革开放40年的中国管理会计：导入、变迁与发展[J].会计研究，2018（8）：12-20.

[6]　韩岩.管理会计发展史评述[J].内蒙古师范大学学报（自然科学汉文版），2016，45（6）：862-864.

[7]　冯巧根.中国管理会计发展历史脉络：形成路径、发展机制及焦点前瞻[J].商业会计，2023（22）：4-12.

[8]　李昕一.人工智能背景下高职院校管理会计人才的培养研究[J].天津职业院校联合学报，2022，24（3）：37-40.

[9]　贺琼.以应用型人才培养为导向的管理会计课程改革探究[J].智库时代，2018（38）：103.

[10]　李娜.基于应用型人才培养的管理会计教学改革探讨[J].现代职业教育，2021（1）：162-163.

[11]　李亚楠，孙娟，高岳.党的二十大精神融入职业教育课程思政路径探究[J].天津职业院校联合学报，2023，25（2）：3-7.

[12]　杨转玲.高职院校管理会计教学改革探讨：以财务共享服务视角[J].四川职业技术学院学报，2019，29（4）：139-142.

[13]　杨咏梅，杨俏文，彭文华.课程思政在资本市场运作课程中的实践探索[J].投资与合作，2021（10）：185-186.

[14]　赵红英.课程思政视角下高职管理会计教学改革探讨[J].职业教育（中旬刊），2021，20（13）：19-22.

[15] 周建珊.课程思政视域下的高职管理会计教学改革 [J].工程技术研究，2021，6（16）：163-164.

[16] 周燕玲.高职财会专业服务基层水电企业、助力乡村振兴实施路径的探讨：以广西水利电力职业技术学院为例 [J].中国农业会计，2023，33（3）：27-28.

[17] 曹凤鸣，潘媛.基于 CiteSpace 的我国管理会计研究知识图谱分析 [J].金融教育研究，2022，35（5）：59-72.

[18] 王立平，曹立勇，吴兴燕，等.基于大数据的知识图谱应用研究 [J].科技视界，2019（21）：89-90.

[19] 朱木易洁，鲍秉坤，徐常胜.知识图谱发展与构建的研究进展 [J].南京信息工程大学学报（自然科学版），2017，9（6）：575-582.

[20] 王新才，丁家友.大数据知识图谱：概念、特征、应用与影响 [J].情报科学，2013，31（9）：10-14.

[21] 王扬南.2021年全国职业院校技能大赛教学能力比赛述评 [J].中国职业技术教育，2022（5）：5-8.

[22] 肖宏飞.高职院校教师教学能力培养路径初探 [J].滁州职业技术学院学报，2017，16（2）：11-12.

[23] 韦小阳.深化"三教"改革新时代教材建设的实践与探索 [J].中国职业技术教育，2020（5）：84-87.

[24] 教育部等四部门关于印发《深化新时代职业教育"双师型"教师队伍建设改革实施方案》的通知 [EB/OL].（2019-08-30）[2024-03-03]. http://www.moe.gov.cn/srcsite/A10/s7034/201910/t20191016_403867.html.

[25] 余景波，曲巧鹏，张娜娜."三教"协同创新背景下高职教育发展现状及问题探析 [J].武汉船舶职业技术学院学报，2023，22（5）：6-11.

[26] 杨奕柯.产业高质量发展视域下提升职业教育适应性：方向与路径 [J].苏州市职业大学学报，2023，34（4）：11-16.

[27] 卫群英.中国式现代化视域下高等职业教育高质量发展研究 [J].大学，2023（22）：193-196.

[28] 林夕宝，余景波，李刚."三教"协同创新赋能高职教育高质量发展研究 [J].江苏教育研究，2023（12）：69-73.

[29] 武潮洋，吕清，武现聪.中等职业教育"三教"改革的现实困境与发展路径 [J].教育科学论坛，2023（15）：19-23.

[30] 徐兰，贺茉莉，易熙琼.数字化时代"三教"改革助推高等职业教育高质量发展的实践进路 [J].成人教育，2023，43（2）：60-66.

[31] 张蕊.财务共享服务模式下管理会计人才培养路径探索 [J].西南石油大学学报（社会科学版），2023，25（4）：22-31.

［32］ 周曙光.制度与科技双重影响下高校管理会计人才培养模式重构研究［J］.行政事业资产与财务，2021（22）：123-124.

［33］ 周晓慧.智能财务时代高职会计人才培养改革探讨［J］.当代会计，2020（21）：16-18.

［34］ 周守亮，魏春华，冷铭心.高校会计教育变革与发展问题研究［J］.高教学刊，2020（6）：50-52.

［35］ 吴树畅.财务共享服务模式下会计变革与管理会计人才培养［J］.湖北经济学院学报（人文社会科学版），2019，16（12）：68-71.

［36］ 李大为.电力企业供应链成本优化与控制［J］.大众用电，2021，36（9）：76-77.

［37］ 罗文宝，李巧莲.基于多维精益管理的供电企业会计科目责任制研究［J］.财经界，2022（36）：108-110.

［38］ 郑琛，李经彩，孙英阁，等.国家电网多维精益管理变革的探索与实践［J］.财务与会计，2021（23）：17-19.

［39］ 王小鹏，阴斯怡.国家电网多维精益管理会计的案例研究［J］.会计之友，2020（17）：60-64.

［40］ 王永培.高等教育数字化转型中的云平台构建与应用［J］.黑龙江教育（理论与实践），2023（11）：35-37.

［41］ 乔钰彬，曲金帅，范菁，等.基于深度学习的输电线路绝缘子缺陷识别研究［J］.计算机与数字工程，2023，51（8）：1782-1786.

［42］ 王芳.基于智能云教学平台的退役军人课程教学质量评价智能化的实践探索［J］.科学咨询（科技·管理），2023（7）：63-65.

［43］ 郑倩.以学习者为中心制作全媒体数字教材产品：以《管理会计》全媒体数字教材为例［J］.中国教育技术装备，2020（9）：51-56.

［44］ 钱力颖，邵敬浩.浅析高职管理会计专业的教材建设［J］.浙江工商职业技术学院学报，2022，21（1）：62-66.

［45］ 郑晓凉.新经济时代高职管理会计课程改革探析［J］.营销界，2020（22）：84-85.

［46］ 杨桃.高职院校教师专业技能比赛的探索与实践：以湖南省"业财税融合暨大数据管理会计应用能力赛项竞赛"为例［J］.现代职业教育，2021（32）：222-223.

［47］ 郭素娟.数字经济时代高职管理会计系列课程改革与实践［J］.商业会计，2022（19）：127-129.

［48］ 张瑞梅."中国制造2025"背景下湖南高职院校会计专业人才培养教学改革探析［J］.新西部，2019（29）：69.

［49］ 丁国华.产业转型升级对上海高职院校专业设置与专业教学的影响及改革对策［J］.职教论坛，2015（12）：72-75.

［50］ 樊燕萍，翟君，王志芳.双碳目标·业财融合·未来产业：管理会计助力区域经济高质量发展高峰论坛综述［J］.中国管理会计，2021（3）：133-136.